台灣名人妙言精選集

潘榮禮 著

讓大家有話說

　　我身為「台灣名人妙言精選委員會」主任委員，做任何事情都與民進黨大老沈富雄的處世原則一模一樣，先沙盤演練幾個假設，預測會產生幾種可能，然後才付諸行動，要精選名人妙言也是如此。

　　第一個假設是我們的社會沒有名人。

　　第二個假設是我們的社會有名人，但都不會講妙言。

　　第三個假設是如果沒我潘榮禮熱心公益，進行名人妙言精選工作。

　　那麼會產生多少種可能？

　　第一種可能是讀者諸君一定讀不到這樣一本值得珍藏、傳世的妙書。

　　第二種可能是台灣沒有名人，就沒有學習榜樣，人人一定會變成俗不可耐。

　　第三種可能是我們每天會浸在政客的口水裡，不被淹死，也一定會奄奄一息。

　　第四種可能是沒熱心人士辦理名人妙言精選工作，對創造妙言的名人缺乏鼓勵。

　　第五種可能是縱使有別人進行名人妙言篩選工作，一定沒我用心，公開、公平、公正。 、

《台灣名人妙言精選集》出版，是要讓讀者們有高山仰止的福氣，見賢思齊的機會。這樣日子才會過得有意思。本書精選的妙言，有令人噴飯的、有令人噴血的、有令人欲哭無淚的、也有令人內心淌血的……。每一句都是智慧之句，經典之作，傳世妙言，叫人愛不釋手。不過因為精選過程競爭非常劇烈，致使多位參選名人的妙言未能選入精選集，滄海遺珠，令人無限惋惜。不過只要各位名人繼續努力，妙語終有一天會選錄在下一集裡，讓您揚眉吐氣，留芳後世。

　　這本書精選那麼多名人妙言，可以預知是一本讓大家見面談起來都有話說的傳世著作。所以連我可愛的小孫女：潘柏君、潘柏宏、潘美君，都請纓參與台灣名人妙言娛樂蒼生的電腦打字壯舉；何智雄、蕭木通、陳聰結諸多好友協助；漫畫家樂子傳神的插畫；前立委陳婉真提供名人豐富的資訊，也都是令人很欣喜的事。

　　是為序。

　　　　　　『台灣名人妙言精選委員會』主委 潘榮禮 2005/01/01

台灣名人妙言精選集4

目錄

01 外交部長 陳唐山

外行人拋魚網──屧脬（亂拋）

外交部長陳唐山於2004年9月25日接見「台灣外館正名聯盟」成員時，反駁新加坡外交部長楊榮文在聯合國大會上，針對台灣的獨立傾向提出警告的發言。

陳部長認為新加坡不應該干涉我國內政，形容該國是「鼻屎」那麼大的國家，捜中國屧脬耀武揚威。

陳部長形容新加坡的「捜屧脬」：「PLP」一出，立即造成全國爭議，有人說他形容不當；有人認為很傳神。一夕之間全台灣大街小巷「屧脬大」、「屧脬小」之聲不絕於耳。

02 總統 李登輝

PLP，台灣囡仔攏知影

外交部長陳唐山，對於新加坡外交部長楊榮文在聯合國大會上，放言批評台灣的台獨傾向，影響區域安全，非常生氣。他於2004年9月25日，接見「台灣外館正名聯盟」成員時，反諷新加坡如「鼻屎」那麼大，摟中國屁眼耀武揚威。

「摟屁眼」英語簡寫「PLP」，立即成為全國爭論焦點，那些逢扁必反的統派人士，紛紛鞭打陳唐山，指其身為外長發言低俗，要其引咎辭職；另外的人，則稱讚陳部長比喻傳神，維護台灣尊嚴恰到好處。

記者就陳唐山發言「PLP」一詞，詢問前總統李登輝看法？李登輝四兩撥千金說：

「台灣囡仔攏知影。」

媒體名人李艷秋在「新聞夜總會」節目中，以此為專題討論，在節目中詢問觀眾，李登輝言外之意，有沒有族群區分的特別含意？

03 立法委員 游月霞

你一定要硬起來！

游月霞，國民黨彰化縣籍立法委員。

她是位菜仔市型的立委，雖然在立法院問政質詢，常常弄得立委們啼笑皆非，人仰馬翻。但她在基層很受歡迎，每次選舉都是最高票當選。

從台北看台灣，當然淡水河以南的立委，有鄉土味的都不夠水準。但以鄉下人的眼光看台北，會覺得北部的人很假。因為南北差異，游月霞被列為三八類型，甚至公賣局38°高梁酒，也說因為游月霞而生產。

游月霞問政妙言如珠，她什麼話都敢說出口，2004年3月28日，質詢陸委會主委蔡英文，竟罵小姑獨處的蔡主委：「妳自己都搞不通了，如何能搞好三通？」

游月霞問政生涯中，最令人津津樂道的是2001年7月30日，向行政院長唐飛質詢，說唐飛的毛都被拔光了，大聲鼓勵他老人家，她說：

「你一定要硬起來！」

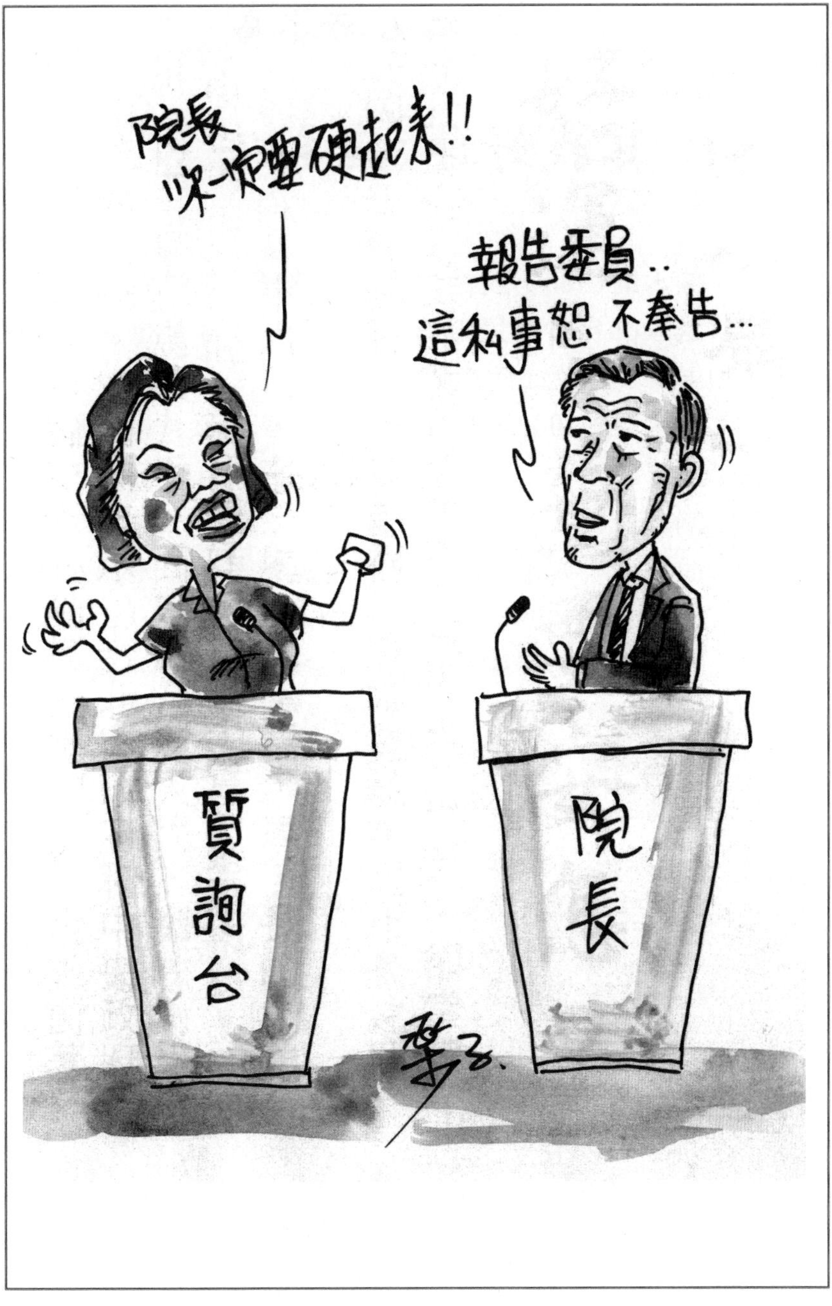
院長
你一定要硬起來!!
報告委員..
這私事恕 不奉告...
質詢台
院長

04 總統 陳水扁

算我好運，無對安怎？

陳水扁1998年競選台北市長連任，被馬英九打敗，卻當選2000年中華民國第十任總統。大家都很注意陳總統和馬市長之間如何互動？

陳水扁於2000年9月16日，在一場：談『扁馬長的多角話題』時說：「我和馬市長之間，沒什麼好爭，我不會回鍋選市長。」

他說：「要爭，也不是和馬英九爭，而是為台灣人民與海峽對岸來爭，為下一代和世界來爭。」阿扁表示：台北市政府和中央政府，很多事可理性、心平氣和的討論。動輒拋出帽子，說誰衝著誰，大可不必。

陳水扁說：「不要貼標籤，這樣日子會不好過，若是老鬧情緒，日子怎麼過？」

他略帶火氣的說：

「選上總統，算我好運，無對安怎？」

05 立法委員 蔡同榮

鳥籠已經開窗了，
無奈鳥兒不飛出去

蔡同榮，嘉義市民進黨籍立法委員。

蔡委員一生的志業，在推動公民投票法。他說：「公民投票法，是人民的基本政治權利。」他從美國一路推銷公投法回到台灣。他一生念念不忘的是「公投法」，人家給他的綽號是：「蔡公投」。

蔡公投所樂見的「公民投票法」立法，立法院於2003年11月27日進行表決，表決前朝野政黨激辯，在表決時民進黨委員竟然在黨鞭柯建銘示意下全部棄守，不再堅持條文礙難執行，以致通過的是國親版本的「公民投票法」。

「那也安呢？」記者們頗感意外，問蔡公投。

蔡公投說：

「鳥籠已經開窗了，無奈鳥兒不飛出去。」

大有「天要下雨，娘要改嫁」般的無可奈何。

06 立法委員 陳文茜

女人乳房不過是交際工具

　　陳文茜是立法院最具爭議性的人物之一，她和游月霞雖然都是話題委員，不同的是陳文茜有學問，台大畢業後留學美國，常常語不驚人死不休。

　　陳文茜曾經是民進黨文宣部主任、黨主席特別助理、無黨籍立委。2004年總統選舉，變成國親連宋的重要智囊。前立委周伯倫曾經說：「陳文茜一個人，幹掉民進黨兩位主席。」林重謨看到她為國親兩黨操盤，更說：「陳文茜一個人，會幹掉三黨四個主席。」果然不幸言中。

　　2001年7月21日，台大一般外科主治醫師黃俊夫，為陳文茜檢查乳房發現腫瘤。他說：「乳房腫瘤有三分之一是惡性，要切除。」陳文茜對探訪的親友說：「**女人乳房不過是交際工具。**」達觀之情可見一斑，沒想到竟成為名言。

　　2004年9月4日，陳文茜胃痛住進台大醫院，她向關心的親友說：

　　「都是聽阿扁的話太多，才胃痛。」

　　唉！陳文茜這個妞兒！

我要和陳文茜的乳房交際一下

　　蔡啟芳，嘉義縣籍民進黨立法委員。

　　他是位充滿鄉土原味的立委，有話直說。因此三番兩次向被他羞辱的當事人或社會道歉，贏得「道歉先生」的美譽。

　　跑立法院新聞的記者，曾經很好奇的問他，怎麼來找他的民眾，都是那些下里巴人？蔡啟芳說他的層次是這樣，朋友也都是這樣。他的可愛在這裡──坦誠。《聯合報》曾以他的名字發表過一篇社論。

　　蔡啟芳和林重謨、侯水盛，號稱立法院三寶，不忌諱開辦「三寶學堂」，傳授寶貝學說。

　　陳文茜說：「女人的乳房，是交際工具。」蔡啟芳於2004年4月1日公開說：「我要和陳文茜的乳房交際一下。」立即引起婦女團體抗議，幸虧「道歉先生」道歉經驗豐富，所以未成災難。

08 作家 李昂

北港香爐人人插

　　李昂，彰化縣鹿港人。

　　就讀彰化女中時，十七歲發表處女作〈花季〉，當時文學大家姚一葦教授等人，驚豔異常。李昂後來以《殺夫》在文壇建立地位。李昂小說，一直是文學界爭論的焦點，主題也一直在女性情慾的主軸中展開。

　　李昂於2002年7月29日，出版《北港香爐人人插》小說，引起軒然大波。她在書中對於女性運用身體，做爭取權力的工具，有露骨的描寫。

　　香爐是台灣民間祭祀神明的儀式中，人與神之間連繫的象徵用具，卻被她用來做為隱喻女人性器官，換取權力的工具。這樣的隱喻，本來就有很大的爭議性，且明顯的影射台灣反對黨中的一位名女人，更引起政壇議論紛紛，大家都眼睜睜的等待，看誰會對號入座？

陳文茜一人，搞掉民進黨兩個主席

周伯倫，台北縣民進黨籍立法委員。

周連任四屆立委，在台北市議員任內，兼任工務審查委員，發生『榮星花園弊案』，纏訟十多年，判刑六年。2003年2月16日，親友包遊覽車護送他，到花蓮地檢署報到服刑。

周伯倫在15日入獄前，召開記者會說：「我是被司法改革政策性結案，把我幹掉的。」他又說：「我不會死，我會復活！」周伯倫以「為友犧牲多壯志，敢叫豪情似舊時，半生拚搏如水火，死去方能定是非」一詩，說明心中不滿。

周伯倫是否無辜或有罪？法官們說他有罪；他自己說沒有罪。不過船過水無痕，後人不會去管什麼『榮星弊案』有罪沒罪？但人們一定會記得，他在林重謨批評陳文茜說「感覺好像菜店查姆批評色情行業」時，說的那句話：

「陳文茜一個人，搞掉民進黨兩個主席。」

菜店查姆批評色情行業

　　林重謨：彰化縣芳苑鄉人，台北市民進黨籍立法委員。

　　他是立委陳文茜的天敵，陳文茜只要有一點可議之處落在他手上，便會借題發揮，批得一無是處。2001年12月11日，他在立法院『國是論壇』點名說：「**陳文茜批評立法院，感覺像菜店查姆批評色情行業。**」而聲名大噪。　有人說他大男人，不該欺侮小女生。事實上林委員不是欺侮她，是看準唯有咬住陳文茜，才能使他成為媒體焦點，提高全國性知名度。果真如此規劃，算林重謨有眼光。

　　林重謨有話直說，2004年320總統選舉後，美國總統布希遲遲不拍電報祝賀阿扁當選。他認為這是美駐台代表包道格搞的鬼，影響台灣政局安定，竟不留情的罵包道格為狗，差點害阿扁政府雪上加霜。

　　林委員很會跳交際舞，跳起舞來風度翩翩，罵起陳文茜來卻很粗魯。他和蔡啟芳、侯水盛合辦「三寶學堂」，自稱三寶校長。

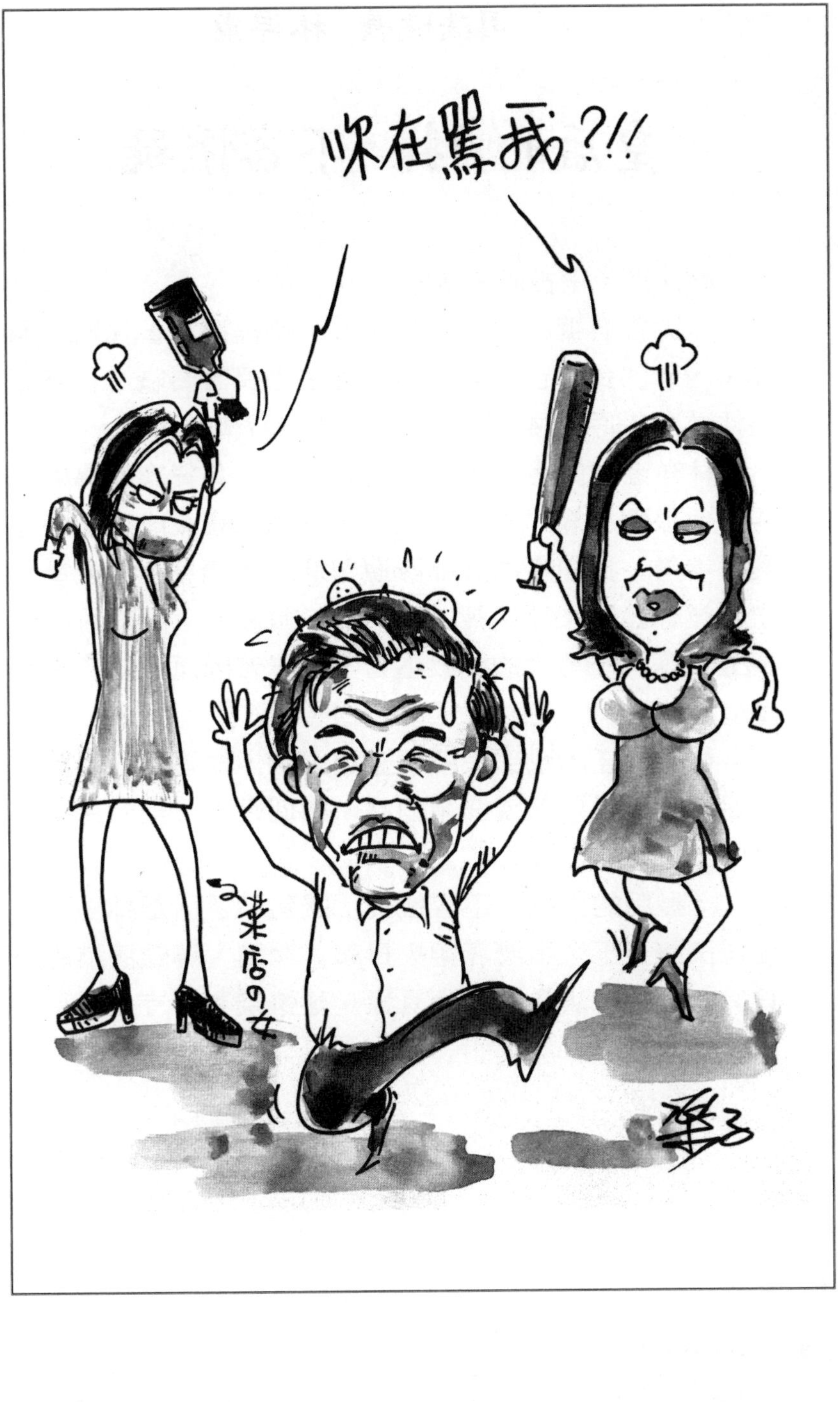
你在罵我?!!
菜店の女

11 司法院長 林洋港

皇后的貞操，不容懷疑

林洋港，南投縣魚池鄉人。

他深獲老總統蔣介石賞識，一路提攜。曾任南投縣長、內政部長、台灣省主席、司法院長等要職。各方認為林洋港在蔣經國之後，有機會成為台灣領導人。

林洋港一口台灣國語膾炙人口，成為餐廳藝場模仿秀。他很國民黨，省主席任內，台灣省議會成為黨外運動大本營。林主席准許部隊演習進駐省議會，造成黨外省議員林義雄、邱連輝、許信良、張俊宏、蘇洪月嬌、黃玉嬌等人，莫大的問政壓力。張俊宏因而提出『大軍壓境』的質詢，並出版《大軍壓境》一書。

林洋港任內政部長時，盜賊猖獗，他答覆立委質詢時保證四個月內讓鐵窗業消條。四個月後，全台灣警察局反而紛紛加裝鐵窗。

「皇后的貞操，不容懷疑」這句名言，是林洋港就任司法院長不久，應『中央日報』邀請，專題演講的題目，原名〈司法像皇后的貞操，連懷疑都不可以〉。

12 電影明星 成龍

世間上男人都會犯的錯

　　成龍，原名陳港生，1954年4月7日生於香港。

　　他為了新片「環遊世界80天」，到美國好萊塢宣傳，接受TVBS特派員左敏琳獨家專訪。他從新片談到台灣的總統選舉，成龍堅定的說：「台灣總統選舉，就算是二十年，或一百年後，回頭來看，都還是一個笑話。」

　　成龍在1978年，以「醉拳」一片走紅，並建立武打明星的地位，拍片無數，都相當叫座。2002年7月16日，成龍入選『People』當今最偉大的100位電影明星。2001年4月13日，影星章子怡在拍「尖峰時刻2」時，對於外傳成龍和他的兒子陳祖明同時愛上她，父子相爭的傳言感到不平。她說：「我和成龍父子很熟是真實的，但相戀絕不是事實。」

　　成龍曾經鬧過緋聞，但他坦承說：「**我只是犯了世間上男人都會犯的錯。**」

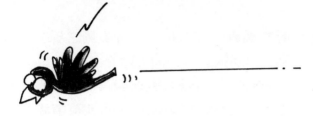

13 民進黨主席 許信良

哪個男人不上酒家？

　　曾任台灣省議員的許信良，以《風雨之聲》一書，首創競選公職出書談抱負的先例，而聲名大噪。

　　1977年11月19日，許信良脫黨競選桃園縣長，雖然一戰成功，但也造成火燒警車，民眾包圍中壢分局的「中壢事件」，迫使國民黨不得不正式宣佈：許信良當選桃園縣長。後來許縣長與黨外同志姚嘉文、林義雄、張俊宏、施明德、呂秀蓮、陳菊等人，在黨外先輩黃信介、康寧祥、黃順興帶領下，展開台灣民主運動。許信良以縣長身分，帶頭參加聲援高雄縣長余登發遊行，打破戒嚴禁忌，而被免除縣長職務。1979年12月10日『美麗島事件』發生前兩個月，許信良匆匆流亡美國，成為「漏跑的縣長」，而躲過牢獄之災。

　　1986年許信良回台，1990年及1996年分別當選民進黨主席。他於1999年3月7日，做最痛苦的抉擇：告別民進黨。許主席曾經在1993年，南下嘉義縣慰問競選縣長落選的何嘉榮，在酒家遭到警察臨檢時說：

　　「哪個男人不上酒家？」

14 親民黨主席 宋楚瑜

把李登輝的味道洗乾淨,再上床

2004年總統大選,繼2000年落敗後,連戰、宋楚瑜兩位主席宣佈兩黨合併,但是只聞樓梯響,沒見人下來。因此,皇帝不急,急死太監。

國民黨大老中央評議委員、前監察院長王作榮,2004年10月2日針對國親合併久未能定案,開砲痛批宋楚瑜「搖來擺去,不成樣子」。他老人家指國民黨丟掉政權,李登輝是第一罪人,宋楚瑜是第二罪人。他要宋楚瑜趕快回到連戰身邊,否則沒有前途。

前行政院長李煥,對親民黨還在拖延國親合併,也憂心忡忡並深感遺憾。

宋楚瑜對於國民黨大老頻頻逼婚,頂嘴說:

「國親合併就像兩黨結婚,要先把李登輝的味道洗乾淨,再上床。」

15 總統 李登輝

不滿意，但可以接受

　　李登輝，台北縣三芝鄉人。

　　1988年1月13日，蔣經國總統去世，李登輝以副總統身分接任總統，後來又當選中華民國第八、九任總統，展開為期十二年的執政，推動台灣民主建設，被國際媒體譽為『民主先生』。

　　蔣經國總統任內，並任中國國民黨主席。李登輝副總統依憲法規定，接任總統阻力不大，但要當黨主席可沒那麼簡單。首先遭到以宮廷派為首的老總統夫人蔣宋美齡反對，接著黨內大老群起抵制。年已八十八歲的蔣宋美齡，想接任黨主席，發表一篇令人噴飯的「老榦新枝，我將再起」文告。李氏好事多磨，延到七月才接任黨主席。

　　李登輝於1989年3月6日，應邀正式訪問新加坡。新加坡政府以『台灣來的總統』名義接待他，記者會上有記者問李總統，對這樣的接待感覺如何？

　　李登輝說：「**不滿意，但可以接受。**」

16 國防部長 李傑

但是不會感動人

　　國防部為了說服立法委員，支持『6108億元特別軍購案』，特別印製「少喝一杯珍珠奶茶，便能換來台灣三十年安全」的說帖，向全國軍民灌輸少喝珍珠奶茶的重要性。

　　國防部長李傑不愧是軍人，立法院國防委員會委員，問他退休將領2004年9月25日反軍購遊行時，他在幹什麼？李傑說陪外孫女看電視、喝奶茶。立委問他為何阿扁總統要親自跳上火線，到立法院國情報告軍購案？李傑說：「那是他的事，我怎麼知道？」他也對行政院長游錫堃，說中國飛彈打台北高雄兩市，我們打中國上海的『恐怖平衡』理論，回說：「那是游院長的事。」

　　立委們對於李傑部長，虛問實答頗為讚賞，李部長說：「但是不會感動人，說了人家也不聽。」

17 立法委員 林濁水

聖人也會犯錯

　　民進黨籍立法委員林濁水，是新潮流台獨理論大師。早期越南淪陷，國民黨捏造「南海血書」敘述越南淪陷後，人民為了逃避赤禍漂流南海。寫血書敘述後悔當初反政府，才落得家破人亡，漂流南海無家可歸，生不如死的悲慘命運。當時政府還要各級學校學生研讀、寫心得，製造恐怖，恫嚇反對運動。林濁水解析「南海血書」，揭露捏造事實，實行恐怖統治。

　　這位台獨理論大師，對於推動非核家園的民進黨前主席林義雄，於2004年8月23日到立法院「遠行靜坐，隔空施壓」，推動「國會減半」的修憲運動，建議林義雄不要反智。他認為「**聖人也會犯錯**」。「國會減半」沒有配套措施，縱使受到黨紀處分，他也堅決反對。

　　林濁水又說：「就算人格再偉大的人，也不是百分之百不會做錯。」

忍受苦難容易，拒絕誘惑困難

施明德在60年代，台灣黨外民主運動時期，是一位很活躍的健將，也因此年輕的黃金歲月，幾乎在監獄中度過。

1979年12月10日，台灣黨外人士在高雄市舉辦「國際人權日」遊行，演變成震驚海內外的「美麗島事件」。黃信介、施明德、姚嘉文、林義雄、張俊宏、呂秀蓮、王拓、陳菊、楊青矗、周平德等多人，先後被捕入獄。

施明德出獄後，於1990年10月27日，在美國南加州台灣同鄉會的歡迎宴會上，應邀發表演說。他說：「此行來美國會見台灣同鄉，帶來給台灣同鄉的禮物是：

「忍受苦難容易，拒絕誘惑困難。」

施明德也繼民進黨前主席許信良之後，宣佈脫離他們用青春歲月和血淚建立的民進黨；並於2002年底競選高雄市長落選。

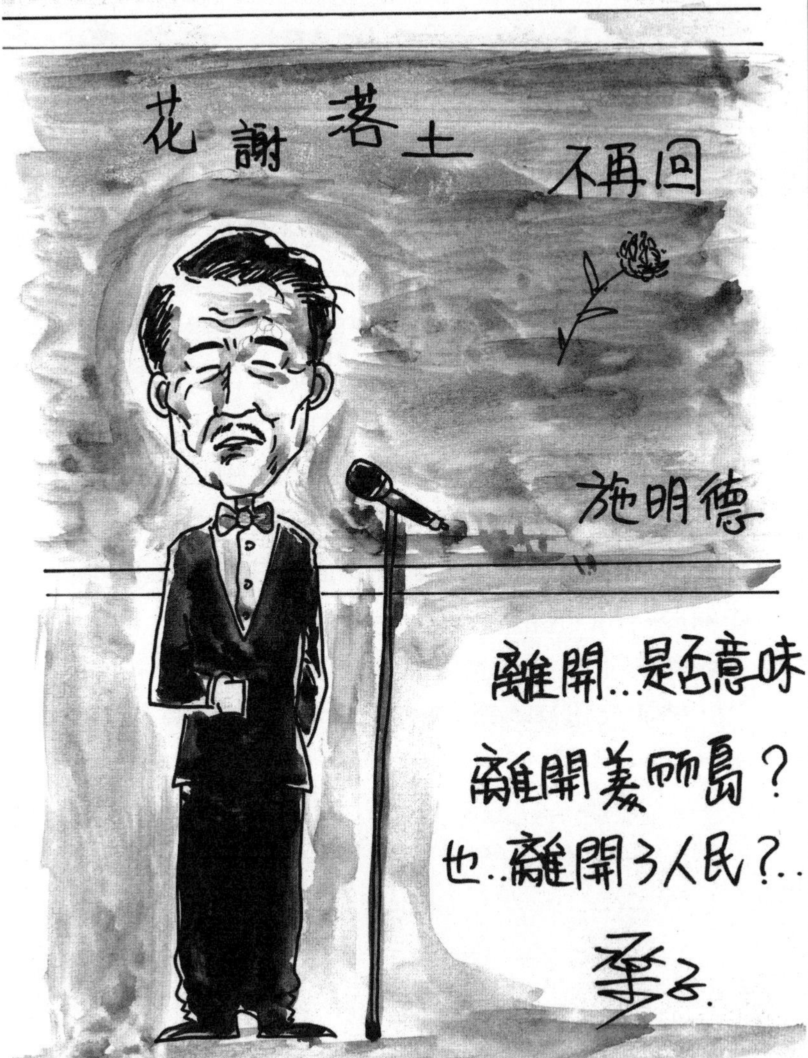
花謝落土
不再回
施明德
離開…是否意味
離開美麗島？
也…離開了人民？…

不主動、不拒絕、不負責

　　70年代黨外民主運動健將施明德，於1979年12月10日『高雄美麗島事件』時，為逃避警備總部追捕，由台中市黨外女將張溫鷹異容，並先後獲林樹枝等人收容。後來林樹枝被以藏匿施明德罪名，判處五年四個月徒刑。

　　林樹枝在綠島管訓監獄與施明德同拘一室，兩個難兄難弟朝夕相處，瞭解得更深，林樹枝著作《玩弄眾生》，對施明德以對抗國民黨的英雄人物，出獄重返社會，深受仕女青睞。尤其在當選黨主席及立委期間，集權勢於一身，對許多投懷送抱的女生，均以「**不主動、不拒絕、不負責**」的方式回應。

　　林樹枝認為，施明德的三政不策，其實是：1：不放棄。2：不留種。3：不付錢。

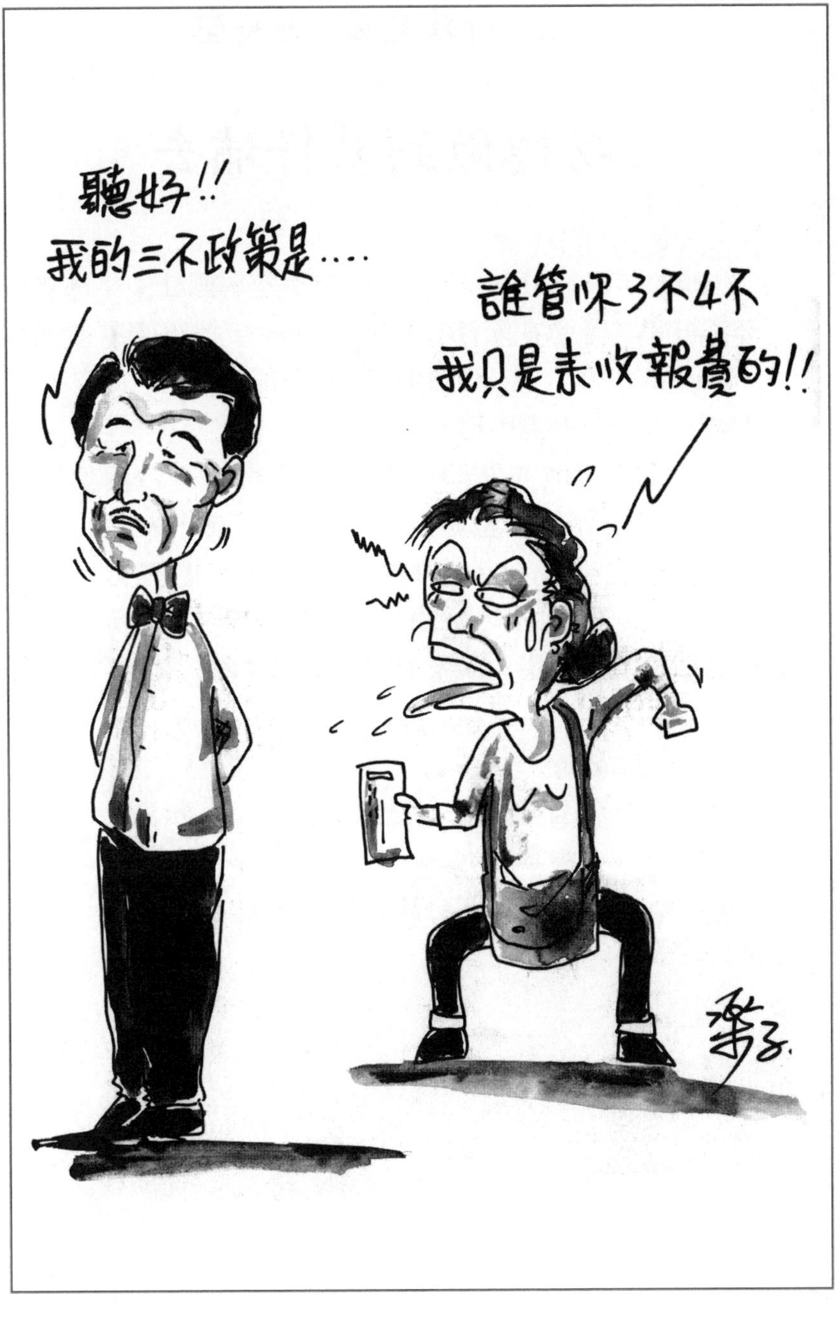

聽好!!
我的三不政策是‥‥
誰管吥3不4不
我只是來收報費的!!

20 行政院長 游錫堃

功德做到墓仔埔去

2004年8月18日，行政院長游錫堃率團赴中美洲友好國家訪問，應邀在宏都拉斯國會演說，提出國號新簡稱「Taiwan·ROC」後，於19日離開宏都拉斯前，進一步清楚闡述此一新主張用意。

游錫堃說他在訪問中美洲感觸良多，台灣與友邦合作了很多計劃，也做了很多事，但結果友邦人民都只記得的是「China」做的。我們所有的努力，都被「China」賺去，「功德做到墓仔埔去」。所以對外他要改國號簡稱，讓友邦人民知道所有的事，都是「Taiwan·ROC」做的，不要只看到一個C就以為是「China」做的。

台灣外交困境，處處受到中國打壓，無法使用台灣正名，所以「中華·台北」等代名詞多達二十多個，難怪游錫堃感嘆我們的「**功德做到墓仔埔去**」。

ROC是什麼碗糕？

　　陳水扁總統於2004年8月底，出國訪問巴拿馬、貝里斯拚外交，預定過境美國夏威夷，做短暫的停留。

　　陳總統9月2日在貝里斯表示：中華民國是中華民國，最好、最貼近、最真實的簡稱是「台灣」。只要我們講「台灣」，沒有不知道我們在哪裡。參加奧運比賽，可以稱「台灣隊」。陳水扁針對行政院長游錫堃喊出「Taiwan・ROC」，他說什麼叫ROC？全世界叫ROC的國家，有剛果、智利共和國、賭城CASINO也都簡稱ROC 。台灣內部很多人搞不清楚「ROC是什麼碗糕」？其他的國家更不會知道。

　　阿扁總統說：「Taiwan・ROC」，並不是中華民國的好簡稱。

能不去立法院，是多麼快樂的事

行政院大陸委員會主委蔡英文，是陳水扁第十任總統四年任期中，少數任滿的內閣閣員。雖然行政院長唐飛這個『鎮路』的石頭搬開了，繼張俊雄之後，自嘲為『政客』的游錫堃出任閣揆，蔡英文在三位閣揆的內閣中，媒體每一次對內閣首長的滿意度調查，都與陳菊、陳定南保持領先群倫，受歡迎程度可見一斑。

蔡英文氣質、風度、學養俱優。李登輝時代即參與大陸政策規劃及WTO入會談判。她面對來自三教九流的立委質詢，口才便給，大家都難不倒她。有38度高粱之稱的游月霞，於2004年3月28日質詢台灣與大陸三通問題，在拿蔡主委沒辦法之下，竟發飆罵小姑獨處的蔡英文說：

「政府叫妳這個連自己都不通的人辦三通，怎能和中國搞好三通？」

2004年阿扁連任總統，新政府改組，游院長力邀她續任閣員。蔡主委以陪伴父母為由婉拒，卸任後對記者笑嘻嘻的說：「你知道嗎？能不去立法院，是多麼快樂的事。」

蔡英文言猶在耳，卻已答應阿扁總統出任民進黨不分區立委，要再去不快樂的立法院受罪。

以前被人砍.
現在換我砍人了!

23 民進黨主席 許信良

失敗者，沒有說不的權利

　　許信良於2000年脫黨競選總統。當時民進黨提名陳水扁、國民黨提名連戰、親民黨提名宋楚瑜。許信良說他小時候便立志要當總統。雖然選舉結果由陳水扁當選，他的總統大夢沒有實現，但至少也參加過總統大選，人生大概了無遺憾了？

　　許信良與施明德，都是黨外民主運動健將，兩人均是1990年6月1日，李登輝就任總統後，獲特赦的美麗島政治犯，卻競爭黨主席，當時許信良政見是：

　　「黨主席要發揮導航的智慧，失敗的暗礁到處都有，通往成功的航道，卻只有窄窄的一線。」

　　兩人選下來，許信良以些許的票數當選。

　　2000年許信良和陳水扁競選總統落選，陳水扁聘請許氏為總統府有給職資政，有人問許信良好意思接受這種酬庸嗎？許信良說：「**失敗者，沒有說不的權利。**」

這個人非常重要

2004年3月19日民進黨正副統候選人陳水扁、呂秀蓮,於台南市金華路掃街拜票被槍擊事件至今未破,令台灣政壇充滿猜疑,影響社會安定。

政府為偵辦槍擊案,幾乎投入全國警力,也聘請旅居美國刑案鑑識專家李昌鈺博士回國重建現場,提供警方偵辦方向。

立法委員朱星羽在立法院質詢表示,過去重大刑案都有限期破案,國家元首被槍擊怎麼沒有?他質疑警方破案的決心和能力,並要求一年內破案,否則警政署長謝銀黨、刑事警察局長侯友宜要引咎辭職。但是他們兩人對於引咎辭職,始終不願鬆口,侯友宜僅對現場錄影帶中穿灰色衣服的人頻頻說:「這個人很重要。」

台灣二千三百萬人,每個人對別人來說也許不重要,但對他的父母或兒女來說,每個人都非常重要。

但是,侯友宜局長心目中,認為很重要的這個人,不知是否還在人間?

25　立法委員　沈富雄

國民黨聽到台獨，
便喊中華民國萬歲！

　　沈富雄，民進黨大老，台北市籍立法委員。

　　這位大老碰到從政以來最大的危機，對其2004年底五連霸立委選舉，形成莫大危機。

　　沈富雄被視為民進黨的孤鳥，他遭到的危機，先有東帝士集團董事長陳由豪在2004年320總統選舉之前爆料，說曾經由沈富雄陪同他，到總統官邸見吳淑珍女士。夫人堅決否認，令老沈陷入天人交戰的危機中，幸虧後來他發明了「三個假設、五種可能」，終於在危機中保留全屍。

　　接下來又與『台灣心聲』主持人江笨湖，就台灣人可不可以把「愛台灣」掛在嘴巴隔空交戰，戰到連「垃圾」也都罵了出來。

　　沈富雄基於在野黨健全發展，有利於執政黨的穩定，在『時報廣場』發表〈國民黨應破三個迷失〉，指國民黨深陷1：本土的遲延。2：法統的捍衛。3：角色的錯置。所以「國民黨聽到台獨，便喊中華民國萬歲」！

26 立法委員 蘇盈貴

政府希望你幫忙，把那件事做好

　　2004年8月25日，立法院通過國民黨、親民黨版本「319槍擊事件真相調查特別委員會條例」，執政的民進黨，以該條例違憲為由，請行政院向立法院提請覆議。

　　立法院9月下旬表決覆議案，朝野政黨展開劇烈攻防戰，威脅、利誘無所不用其極。

　　無黨籍立委蘇盈貴爆料，有兩位大法官向他關說覆議案，在手機裡留下簡訊：

　　「政府希望你幫忙，把那件事做好。」

　　大法官居然介入關說覆議案，可謂事態非常嚴重。司法院長翁岳生指派秘書長范光群，到立法院拜會蘇委員，請其透露關說覆議案的大法官姓名，蘇盈貴說怕我們的寶貝大法官被亂棒打死而拒絕。

　　司法院十五位大法官連署，要蘇講清楚說明白，到底是誰關說？不要留給社會想像空間，否則告他誹謗罪，後來竟不了了之，留下謎團。

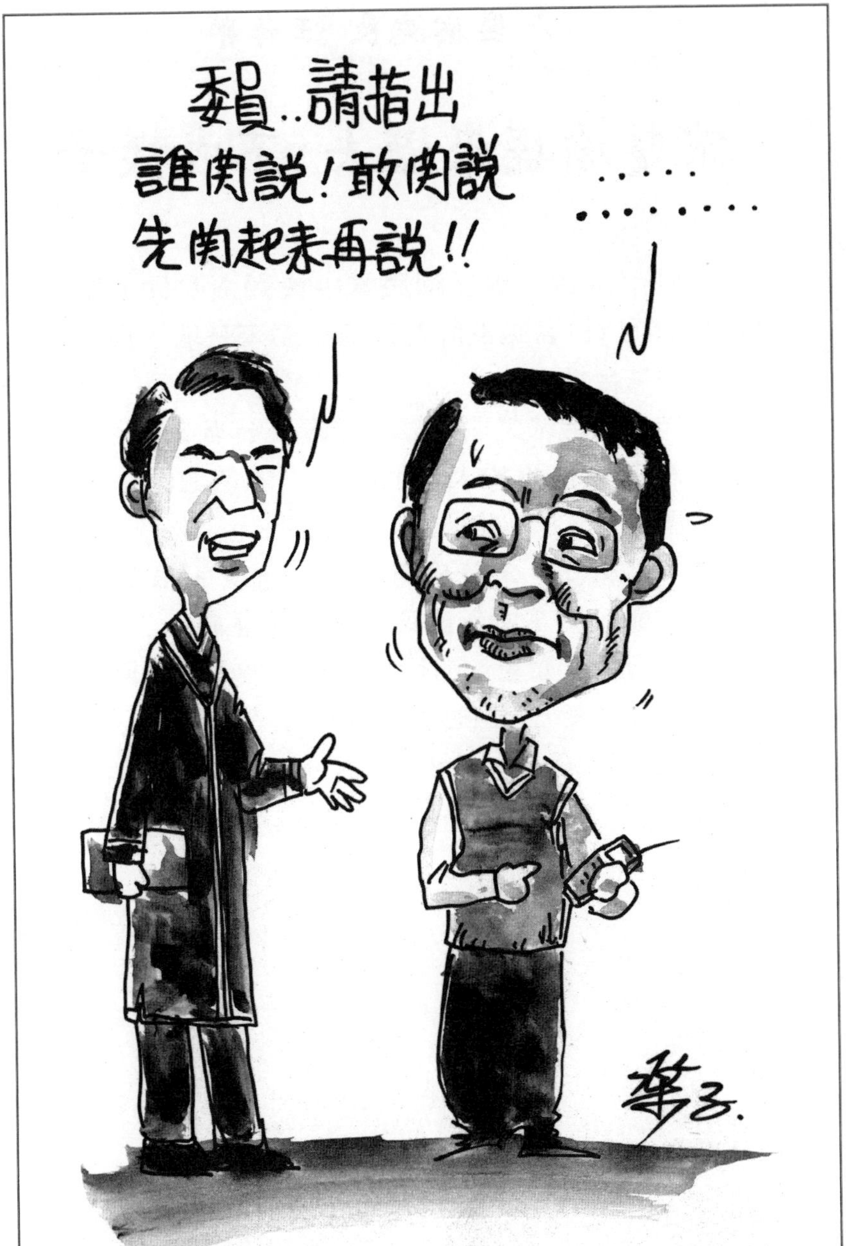
委員..請指出
誰關說!敢關說
先關起來再說!!

27 監察院長 王作榮

宋楚瑜搖來擺去，不成樣子

前監察院長、現任國民黨中央評議委員王作榮，2004年10月2日發飆批評親民黨主席宋楚瑜，拖延國民黨、親民黨合併。

王作榮痛批宋楚瑜是繼李登輝後，第二個應該為國民黨丟失政權負責的人。他說：「宋楚瑜像小孩子要糖，這個也要，那個也要，什麼都要。」

老王又說：「宋楚瑜對國親合併案，搖來擺去不成樣子。親民黨不回到國民黨還有什麼前途？」

另位國民黨大老、前行政院長李煥，三番兩次奔走撮合國親合併案，不但感到無奈，也深表憂心與遺憾。

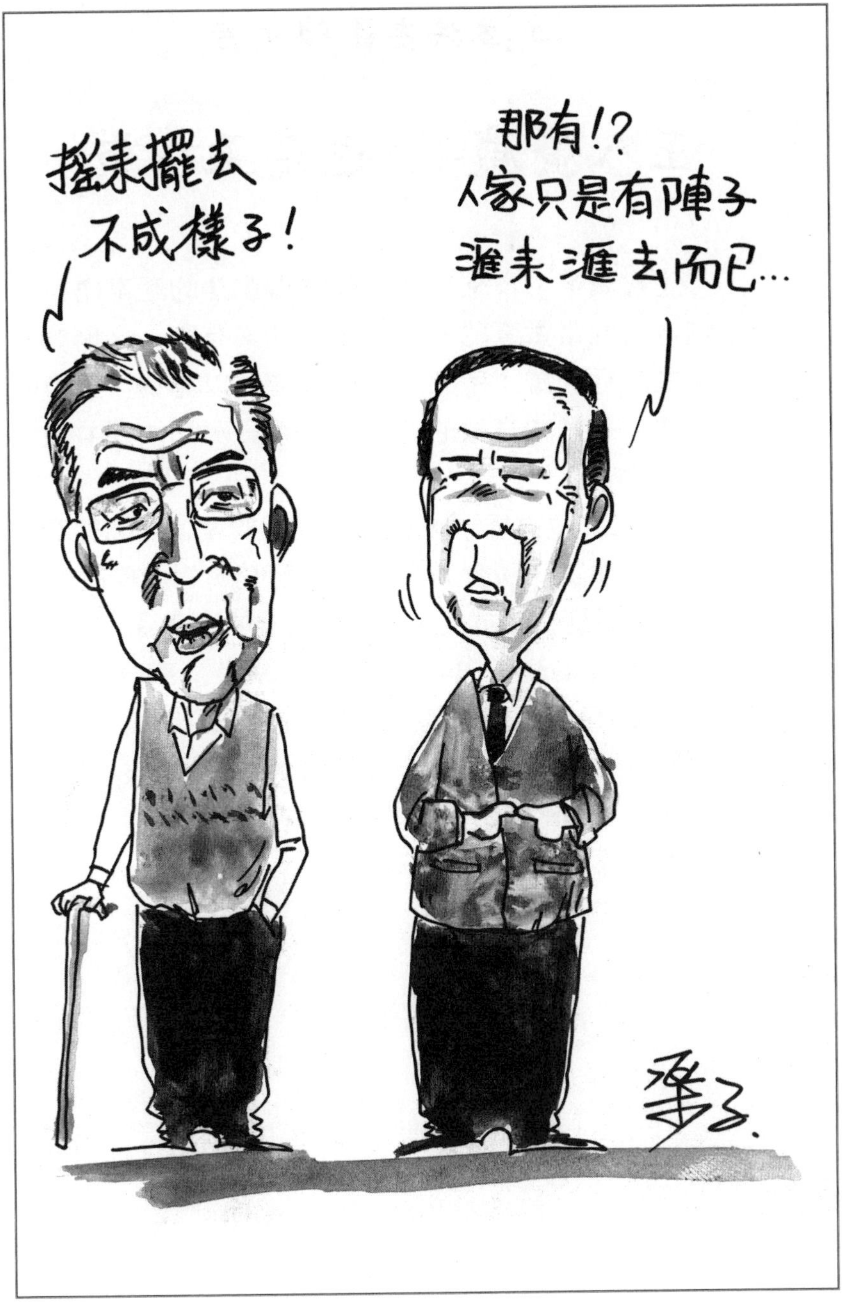
搖来擺去
不成樣子!
那有!?
人家只是有陣子
滙来滙去而已…

28 立法委員 陳文茜

王八蛋減半，也是王八蛋

「國會減半」本來是朝野政黨騙選票的選舉語言。沒想到老百姓當做真的一回事，尤其素有聖人之稱的民進黨前主席林義雄，不知是裝糊塗或信以為真，竟帶頭催生，讓那些假戲真做的各黨立法委員，都快要噴血，卻沒有人敢吭氣。

立法院225位立委，唯有民進黨台獨理論大師林濁水敢說不！他強調「國會減半」如沒配套，對綠營絕對不利。他會反對到底，縱使被黨紀處分也在所不辭。

民進黨孤鳥沈富雄，在「國會減半」案表決前的2004年8月18日，情義相挺說林濁水很可愛、執著，敢呼籲林義雄不要反智，還說：「聖人也會犯錯。」

曾經是林濁水親密愛人的陳文茜立委說：

「王八蛋減半，也是王八蛋。」

29 立法委員 黃宗源

蘇盈貴見到影子便開槍

行政院提請立法院覆議「319真調會條例」，在立法院進入表決前，立委蘇盈貴爆料：2004年9月21日有多位大法官對他關說，並在手機上留下簡訊說：

「政府希望你幫忙，把那件事做好。」

蘇立委的爆料，立即引起政壇風爆，社會紛紛指責大法官不中立、欠公正，如何維護神聖的憲法？

司法院長翁岳生立即派秘書長范光群到立法院拜訪蘇盈貴，探詢關說的大法官姓名。蘇盈貴以這是場悲劇而拒絕，並發誓若不實願辭職。

台聯黨立委錢林慧君說：「蘇盈貴不是一個正常的人，可能要找個醫生來看看。」

台聯黨的黃宗源立委說：「**蘇盈貴看到影子便開槍。**」

他們都說蘇盈貴如果拿不出證據證明大法官關說，應立刻退出政壇。

大法官們說要告蘇盈貴誹謗，但只聞樓梯響，不見人下來。

30 總統府特勤中心執行長 彭子文

我不替李登輝擋子彈

　　彭子文將軍是前總統府特勤中心執行長，身負總統府及總統安全重任。2004年320總統大選前夕，發生陳水扁、呂秀蓮在台南市金華路拜票掃街被槍擊事件，彭子文因從總統府特勤中心退休下來，成為媒体叩應節目訪問的熱門人物。

　　彭子文不僅就他的專業知識侃侃而談，也口沫橫飛，言論中對於泛綠的民進黨政府時而露出不齒，甚至說：「**若中華民國不存在，我不替李登輝擋子彈。**」哀哉，總統府特勤中心執行長，領國家俸給，負責總統安全，公開嗆聲不替總統擋子彈，也就難怪他會洩露陳水扁總統座車拋錨和每月沒有隨扈的私人行程次數。

　　彭子文已被依洩露國家機密罪嫌移送法辦。

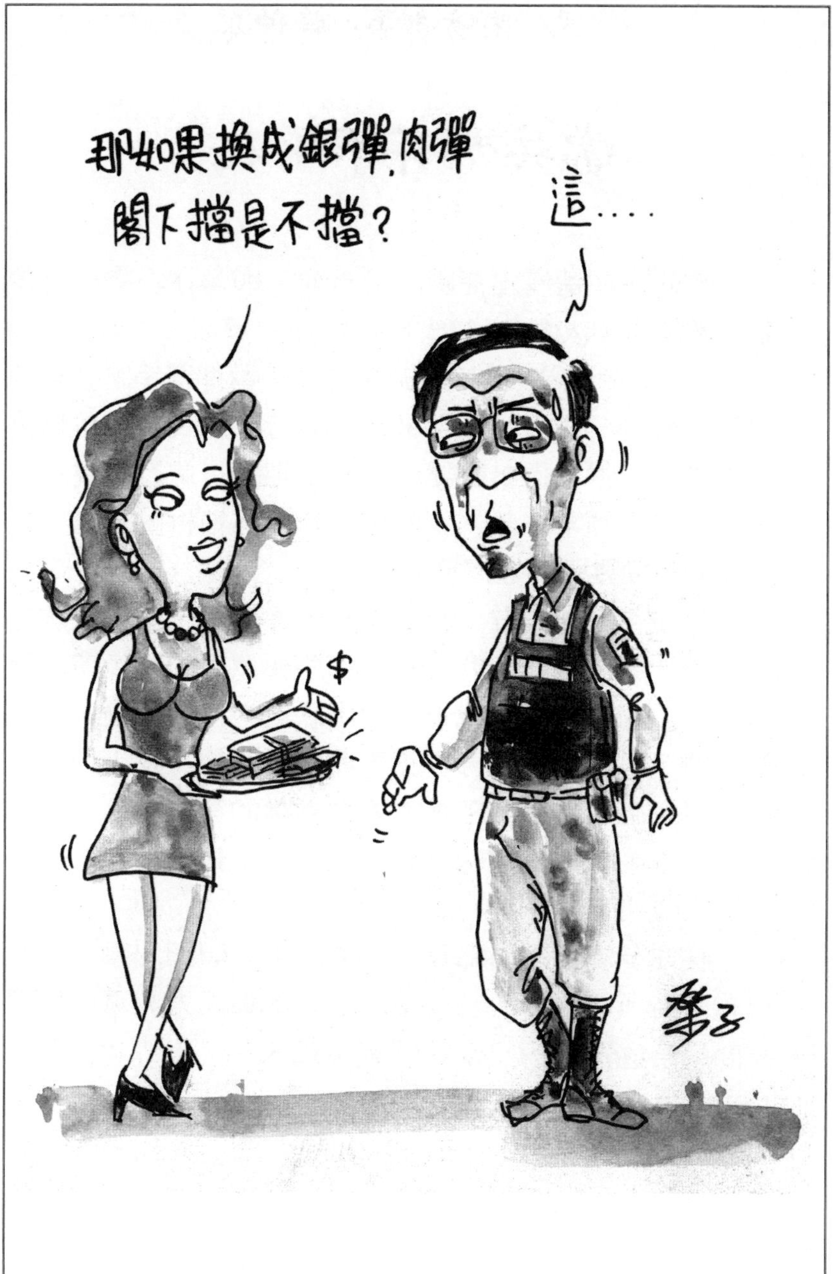
那如果換成銀彈.肉彈
閣下擋是不擋?
這....

31 國防部長 蔣仲苓

當兵哪有不死人？

蔣仲苓在還沒出任國防部長前，即常在李登輝身邊幫忙處理軍中人事。

他和劉和謙都是李總統倚重的軍中將領，李登輝要把他們晉升一級上將，卻被當時的行政院長郝柏村以沒特別戰功又沒當過參謀總長為由，拒絕行使行政院長副署權。李登輝早知蔣、劉兩位，都非郝柏村的人馬，只好在郝軍權囂張下選擇妥協。

蔣仲苓不善言辭，出任國防部長期間，在立法院吃足苦頭，老是答非所問，不是那些要做秀的立委所希望的答案。因此馮定國說軍中頻出狀況，也沒什麼了不起的事情，只給他打50分。王天競認為蔣部長軍人性格，講話難免直了一點，不是立委們喜歡的答詢，給他打的分數也不高。但軍中袍澤認為他為軍人做了很多事，尤其爭取福利有目共睹。

蔣仲苓這位國防部長，在菜鳥軍人頻頻出事，甚至自殺時有所聞之際，立委嚴詞指責部長能力與軍中管理有問題時答覆說：「當兵哪有不死人？」令立委們瞠目結舌，無話可說。

當兵哪有不死人？

32 立法委員 鄭龍水

我看到！

　　2001年3月29日，台灣立法院爆發委員嚴重肢體衝突。當時各種媒體大幅報導，但是都說男生打女生。男生是有大哥大之稱的羅福助委員，女生是有立法院模範生之稱的李慶安委員。

　　導致這場災難的是教育委員會開會，李慶安影射『景文技術學院』買賣董事職位，引起非常關心『景文技術學院』的羅大哥不爽，揮拳向李慶安打過去，李慶安也不認輸，大拳換小拳，小拳換大拳，差點打到腦震盪。

　　這件男生打女生事件，後來由羅委員律師莊秀銘出面和解，羅福助登報半版道歉，雙方息事寧人。

　　羅、李委員打架事件，後來移送紀律委員會懲處，主席詢問當天在現場委員，有哪位看到誰先出手打人？傳說立委們都噤若寒蟬，過了許久新黨目盲委員鄭龍水才舉手大聲說：

　　「我看到！我看到！！」

惡法亦法

由立法院通過的「319真相特調會」進行真相調查運作，因先天不足，後天又失調，開幕第一天便與行政院官員發生嚴重衝突，法務部長陳定南等行政院官員，甚至被特調會召集人施啟揚掃地出門。

阿扁總統認為「319特調會」嚴重違憲，行政院不但不提供辦公場所，甚至拒撥經費，明顯運用行政權杯葛調查。

立法院長王金平強調：「319特調會」條例，是立法院通過的特別法，政府官員應依法遵行。他說：「**惡法亦法。**」民進黨政府居然帶頭違抗，不僅立下最壞示範，其行徑更像是流氓，官兵變強盜。

「惡法亦法」在未修改前，當然要遵守，可是當初審議時，為何不慎重其事，憑多數暴力強渡玉門關？

34 行政院長 郝柏村

朝令有錯，夕改何妨

1990年12月10日，行政院通過發行彩券案，政務委員黃石城發言，認為政府發行彩券，無異做東鼓勵賭博，會使『大家樂』賭風復熾。行政院長郝柏村旋即裁示廢止發行彩券案。

郝院長於11日記者會答覆記者說：「**朝令有錯，夕改何妨。**」引起民間不同的反應，他的決策如何與民意取得平衡？

郝柏村回答說：「如果是站在真正負責任的態度，有錯必要改，知錯要立即改。」他又說：現在是民主時代，政府決策要以民意為依歸，但什麼是民意，有兩個重點：

1. 是最大多數人的意見。
2. 我自己良心所做的意思表現。

35 國民黨秘書長 吳伯雄

台灣只剩下阿里山，
我也要選省長

　　吳伯雄，曾任台灣省議員、桃園縣長、內政部長、國民黨秘書長，是蔣經國總統刻意栽培的「吹台青」之一，屬客籍人士。

　　台灣於1994年選舉第一屆、也是唯一一屆省長，當時國民黨有意參選省長人士，另有省主席宋楚瑜。吳伯雄為了表明參選到底的決心，曾說：「**台灣只剩下阿里山，我也要選省長！**」

　　李登輝總統基於省籍平衡考量，專程到中壢市拜訪其父親吳老縣長，說明不得不提名宋楚瑜參選省長的苦衷。吳老縣長即對李登輝說：「伯雄的事，交代你了。」

　　陳水扁總統於2004年8月底，訪問中美洲友邦國家，於途中飛機上透露，曾徵詢立法院長王金平，謂吳伯雄適任監察院長。

　　吳伯雄平靜的生活突然無故吹起一池春水，他說：

　　「我現在和朋友談的都不是政治，而是晚上起來小便幾次。」

36 總統 蔣經國

我也是台灣人

　　蔣經國，是主宰中國近半世紀命運的蔣介石兒子，自蘇聯留學回國後，就被刻意栽培要接任中華民國領導人。

　　蔣介石在1948年就任中華民國第一任總統前，領導北伐、對日抗戰，已實際掌控中國軍政大權。

　　蔣介石1975年4月5日死於第五任總統任內。蔣經國後來接任第六任總統。台灣經歷蔣介石、蔣經國父子長達40多年執政，老蔣的獨裁統治留給台灣民眾負面印象，蔣經國則毀譽參半。大家認為小蔣推動十大建設，對台灣現代化有功。

　　1985年10月16日，蔣經國接受《時代週刊》採訪，表示蔣家後人不會再做總統。

　　蔣經國1987年12月25日強調：「我也是台灣人。」

是非功過皆已往
終究一句台灣郎

37 蔣介石夫人 蔣宋美齡

老榦新枝，我將再起

　　蔣介石，中國浙江省人，領導北伐、對日抗戰勝利後，共產黨乘機叛亂，被迫轉進台灣。在台實施獨裁統治，先後任第一至五屆總統，夫人蔣宋美齡，被稱為「永遠的第一夫人」。

　　蔣宋美齡三姐妹，都是中國近代最有權勢的女人，大姐宋慶齡是國父孫中山先生夫人；二姐宋靄齡嫁給孔子後代、國府財政部長孔祥熙先生。蔣宋美齡曾任中國國民黨中央評議委員會主席，2003年10月23日去世，享壽106歲，生前長期居住美國，她自詡說除皮膚外，其他都是西洋人。

　　1988年1月13日，中華民國總統蔣經國去世，蔣宋美齡時約88歲，發表〈**老榦新枝，我將再起**〉，企圖出任中國國民黨主席，由此可見權力慾之強。

　　李登輝接任總統後，她用英語對李登輝說：「Please listen to me.」

　　蔣宋美齡希望郝柏村掌握軍權。

百年老店
百歲人瑞

38 行政院長 游錫堃

屁股決定腦袋

　　行政院長游錫堃為了6108億元軍購案，不僅使出渾身解數，還全面向全國同胞進行遊說，也將應該把他們趕去前線打仗的高級將領推上電視台，向民眾說明台灣軍購的重要性，好像台灣沒有向美國軍購，他們的經濟會崩盤。更史無前例的印了「軍購說帖」強調「大家少喝一杯珍珠奶茶，換來台灣三十年的安全」。成為國際上令人會心一笑的經典文宣。

　　國民黨主席連戰說：「游錫堃是笨蛋，台灣的安全要靠智慧解決，不可以向中國挑釁，草蜢弄雞公。」他又說：「我們不要和中國軍購比賽。」

　　游院長聽了連戰這番話，心中很不爽。他說：「台灣自79~93年，一共花5500億元購買飛機、潛艇，才獲得這三十年的安全。」他又說：「現在所做的是換取未來三十年的安全。」游錫堃說：「行政院是延續當時行政院長連戰的軍購案。」

　　他批評連戰說：「屁股決定腦袋。」

39 立法委員 楊寶琳

過去都可以，現在怎麼不可以？

楊寶琳是萬年立法委員之一，也是立法院之寶。

這位有「山東大姐」之稱的立委，在大陸時期是專門與共產黨鬥爭的地下工作人員，聽到共產黨全身細胞便自動動員。她深信暴政必亡，對三民主義統一中國也深信不疑，因而贏得「三民主義統一中國大姐」令譽。

楊立委與另一位痛恨日本的胡秋原立委如出一轍。老胡有日本可恨，人生了無遺憾；楊大姐有中共可罵，精神立即百倍。楊立委人高馬大，在立法院屬於大姐大的人物，重要議案表決，她都扮演一定的角色。有一次立法院內規委員選舉，她收了一疊票正要投下去，剛好被朱高正委員逮個正著，這位山東大姐咆哮：

「過去都可以，現在怎麼不可以？」

40 國民黨主席 連戰

笨蛋，問題不在武器

行政院編列6108億元特別軍購案，提請立法院審議，引起極大爭議。在野黨反對之聲振振有辭；退除役將領更於2004年9月25日發動反軍購遊行。國防部為了能讓軍購案過關，除了派高級將領到電視台向全國民眾遊說，也印精美說帖『請民眾少喝一杯珍珠奶茶，便能換來台灣30年的安全』，很令人心動。

國民黨主席連戰對行政院長游錫堃說中國飛彈打我們的北高，我們的飛彈打他們的上海，『恐怖平衡』的說法，深不以為然。他說行政院不該向中國挑釁，也懷疑台灣忽兒要打三峽水壩，忽而要打上海，這樣的挑釁，匪夷所思。

連主席說：「台灣的發展，不能靠草蜢弄雞公，那是非常危險的，兩岸的問題，也不是要軍購競賽。6108億元的軍購預算，能夠改善民生、基層建設、辦好教育。」

連戰愈說愈氣，終於罵道：「笨蛋！問題不在武器。」

41 台北市長 馬英九

不給人調查，我也覺得有點奇怪

台灣政壇上檯面人物，多數是台大法律系前後期的同學，總統府秘書長蘇貞昌、高雄市長謝長廷、台北市長馬英九、總統陳水扁等，都是台大法學院法律系的學長學弟。台大法律系畢業生，有不少後來投入反對當時的國民黨政府，也有自告奮勇成為「美麗島大審」辯護律師。

2004年10月上旬，多位政壇風雲人物聚在一起，有人問蘇貞昌和謝長廷，台大法律系高材生，大多數是當時反國民黨的人士，現在綠色政府的檯面人物；為什麼同是台大法律系的馬英九不是？

蘇貞昌抹了抹金光頭後說：「我也覺得有點奇怪。」

謝長廷也說：「我也覺得有點奇怪。」

那位仁兄又跑去問台北市長馬英九。

「阿扁也是台大法律系畢業的，」馬英九說：「**為什麼不讓人調查319槍擊案？我也覺得有點奇怪。**」

42　歌星　羅大佑

不問藍綠，只問黑白

羅大佑，是位唱民歌起家的歌手。

在七十年代，羅大佑是黨外人士很喜愛的份子。作品充滿批判風格，所以另有「火爆小子」之稱。可是曾幾何時，竟由綠色轉變成「保藍黨」。

2004年320總統選舉，因319陳水扁、呂秀蓮在台南市金華路掃街拜票遭受槍擊，導致原來被看好當選的連戰、宋楚瑜變成落選，陳水扁、呂秀蓮反而當選連任。國親兩黨連續引導泛藍民眾，群集總統府前凱達格蘭大道上抗議。羅大佑在3月27日晚上台，情緒非常激昂的高呼：

「不問藍綠，只問黑白！」

羅大佑6月17日於清華大學演唱會即將近尾聲時，突然把美國護照當眾撕碎，令學生們錯愕不已！

華視總經理江霞說：「羅大佑這種過氣人物，幾十年了都沒進步，不讓他再進華視！」

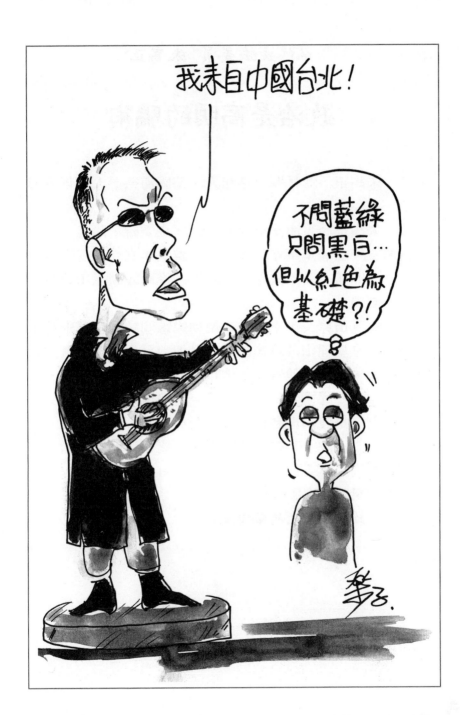

43 立法委員 朱高正

政治是高明的騙術

朱高正，雲林縣北港鎮人，德國海德堡大學哲學博士。

朱高正令人津津樂道的是剛任立委時，跳上桌子用台灣三字經痛罵萬年立委老賊，讓萬年立委感受形勢比人強，而萌「時不我予」的認知，進而願談退出政治舞台的價碼。

教育預算長年未照法定編列違憲問題，也是朱高正發飆的堂皇理由。蔣經國總統見他敢言人之不敢言，動作又大，特別約他餐敘。他也認為是面陳改革良機，卻惹來被蔣經國摸頭的內傷，至今還沒復原。朱高正另一致命傷，是沒搞清楚台灣這種畸形政治，堅信立委的戰場是在立法院，而疏忽基層經營，終難通過黨內初選關卡。朱高正立委任內，對國會改革有相當的貢獻，但大家只會記得他的那句名言：

「**政治是高明的騙術。**」

44 立法院長 梁肅戎

敷衍兩句算了

梁肅戎，萬年立法委員，1990年當上末代萬年立法院長，2004年8月27日逝世。

梁院長早年留學日本長春大學，回大陸屬特務系統CC派，也有人把他歸類為自由派。雷震組黨被捕；彭明敏、謝聰敏、魏廷朝師生聯合發表「台灣自救宣言」被捕。梁為兩案律師，因此又有人說他是開明派。

政論家孫慶餘說梁為雷辯護，還可說是兔死狐悲，物傷其類；為彭辯護，就只能說是勉為其難，報效黨國。彭明敏形容梁為：「猶膽小也。」

梁卸下院長職務，旋即和新黨教父許歷農成立「和平統一促進會」，總統府資政康寧祥說：「梁肅戎是統派要角，因為他是中國人。」

1990年10月17日，梁主持院會，民進黨立委張俊雄向行政院長郝柏村質詢『勞基法』的「大政方針」與「政策大方向」，並要郝院長提出說明。

梁肅戎低聲的對郝院長說：「**敷衍兩句算了。**」

統一路迢迢
至逝不敢行

45 民進黨主席 黃信介

獨立可做不可說；
統一可說不可做

　　黃信介，1928年生於台北市，曾任立法委員、總統府資政、民進黨主席。

　　台灣民主運動、民進黨誕生，都與黃信介有絕對的關係。他一生為台灣民主運動出錢出力打拚，兩度入獄，三進三出立法院。

　　黃信介1979年創辦『美麗島雜誌社』，帶領台灣反對運動風潮。1979年12月10日「高雄美麗島事件」被判刑14年。1988年李登輝上台後，特赦美麗島事件政治犯。

　　這位台灣民主先輩曾經說：「一生最想做的事，是提包包到總統府上班。」後來李登輝圓他的夢，敦聘他為總統府資政。他告訴過我，在提著包包到總統府上班時，有時經過總統辦公室，看到裡面沒其他人，便溜進去和李登輝聊天。

　　信介仙妙語如珠，又有言論免責權，他稱讚李登輝是「英明的領袖」。令民進黨員個個皺眉；他批評領反共抗俄補助款過日子的民社黨、青年黨，是「廁所裡的花瓶」。

　　黃信介叮嚀大家：「台獨可做不可說，統一可說不可做。」偉哉斯言。

民主老先覺

永遠信介仙

46 立法委員 鄭余鎮

天上掉下來的禮物

鄭余鎮，台北縣民進黨籍立法委員。

他問政「謙虛」，卻爆發令全國民眾搖斷脖子的畸戀。他說能與王筱嬋共譜戀曲，是「**天上掉下來的禮物**」。更說他雖然是有婦之夫，這次和王筱嬋搞外遇，「沒有錯，也沒罪」。好像獲得上帝特准。

鄭余鎮元配呂珮茵女士，是位賢淑、溫忍、體貼的台灣傳統女性。她說：「兩人坎坷婚姻，我一路走來始終包容。」也包容他在外面有一位18歲私生女。

鄭余鎮和王筱嬋，兩人卿卿我我相偕到美國度蜜月，在北京懷了孕。王筱嬋說孩子誕生要命名：鄭余北京，以紀念北京之行。甜蜜的新婚剛過了沒多久，王筱嬋便挺著大肚子，到鄭余家祖墳哭墓，請鄭余家祖先要顯靈，為「鄭余北京」主持公道，阻止鄭余鎮遺棄她們母子。

民進黨受不了鄭余鎮的胡鬧，開除他的黨籍。

我的黑夜，比有些人的白天光明

羅福助，彰化縣田尾鄉柳樹湳人。

他少年離鄉到台北打拚，人家學而優則仕；他「事業」有成，便選立法委員。1992年2月進入立法院，自然的成為大哥大級委員，深受同仁「敬重」。

羅委員雖不是院長，但沒有委員敢對他假痟。有次羅大哥出國日子久了些，立法院立即陷入無政府狀態，他一回國來立法院自然恢復常態。他說：「貓不在，鳥鼠便翹腳。」

羅福助不是立法院的糾察隊長，但他會替天行道，余政憲、李慶安等多位委員，都領教過他糾察『違規』的手段。他的權威並非一朝一夕就能建立起來的，因此特別受到『尊重』。

羅委員講義氣、阿莎力，服務選民勤快、熱忱沒話講。

羅福助曾說：「我的黑夜，比有些人的白天光明。」的確如此。

大貓專抓鼠輩，
夜晚當然比白天更光明！！

48 國民黨秘書長　許水德

法院是國民黨開的

　　許水德，澎湖縣人，出身教育界。

　　他先後任教育局長、高雄市長、台北市長、內政部長、國民黨祕書長、駐日代表、考試院長等要職。小時候看到澎湖縣家鄉農民，踏水車引水灌溉田園，領悟出水車哲學，一步一腳印，慢慢而勤勉的灌溉他的政治園地。

　　李登輝時代，他是國王的人馬，當黨主席的秘書長，協助李主席穩固政權，對政治的安定，有一定程度的貢獻，但後人想起許水德，一定是他那句震驚朝野的名言：

　　「法院是國民黨開的。」

　　法院是國民黨開的。不管是許水德說玩的，或真有這麼一回事，那也是國民黨執政時代的事了。現在民進黨執政，肯定沒那種能耐，否則花蓮地檢署李子春檢察官，也不會因民進黨於花蓮縣長補選提出原住民『頭目津貼』，而敢於93年1月14日票傳總統陳水扁出庭作證。

49 立法委員 侯水盛

同性戀亡國論

侯水盛，台南縣民進黨籍立法委員。

這位醫師出身的立委，在立法院的表現平平，但噱頭不少，是立法院三寶之一。侯立委曾經說出：「我要保留強姦中國婦女的權利。」不但震驚全國婦女同胞，也懷疑LKK的他，有如此能力嗎？

這位寶貝立委，2003年12月18日在立法院環境衛生委員會會議席上，質詢衛生署長陳建仁：「現在好像司法允許同志結婚」為題，大談同志結婚亡國論。

侯水盛說同志結婚不會生蛋，永遠沒有下一代，那我們不就亡國了嗎？侯委員的「**同性戀亡國論**」一出，立即引起同性戀團體群起圍攻，只好公開道歉，面壁思過。

倒是台北市長馬英九手腕比較漂亮，他不但到同性戀團體遊行現場致意，還答應補助經費。馬英九說：「偉大的城市，要有包容心。」

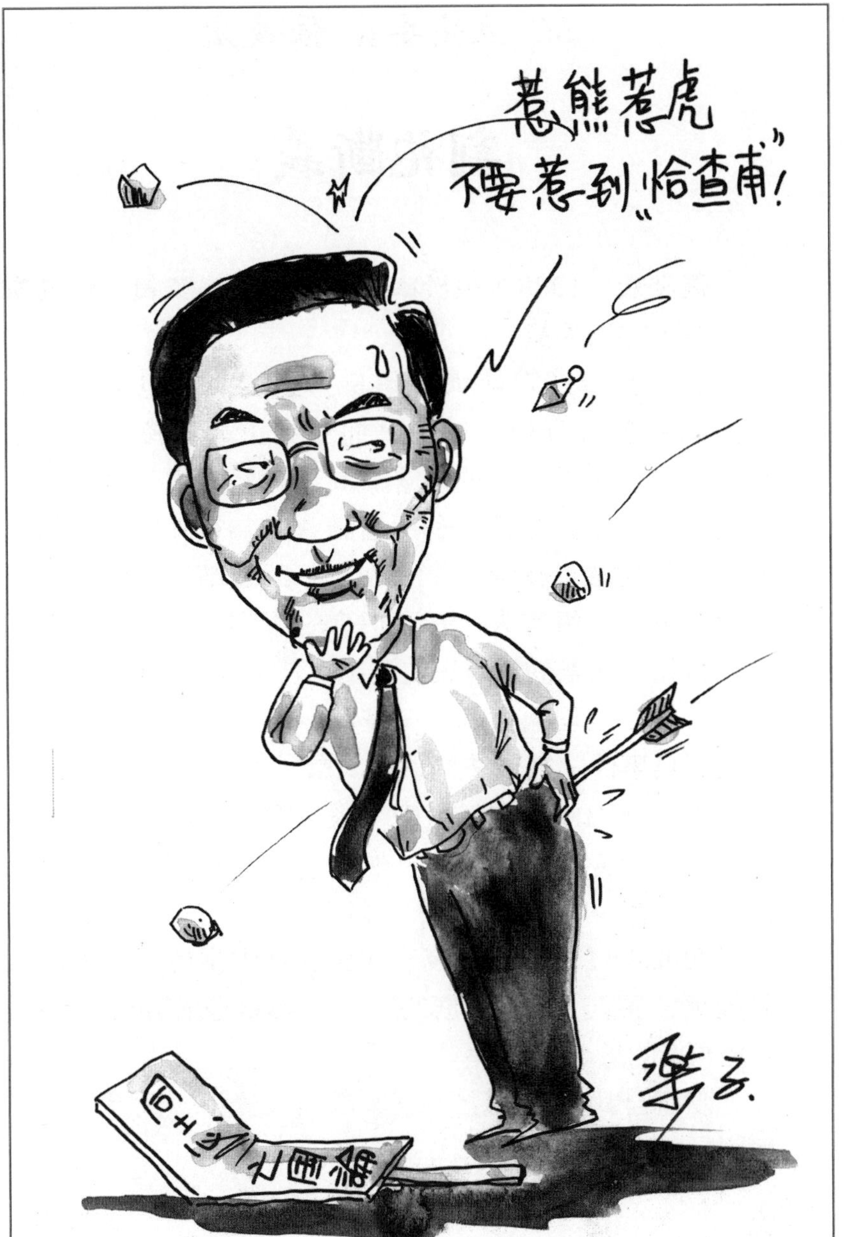
惹熊惹虎
不要惹到"恰查甫"!

50 立法委員 張俊宏

割袍斷義

　　張俊宏，1938年生於南投市，曾任省議員、民進黨秘書長、立法委員。

　　張俊宏於1971年與許信良、張紹文、包奕洪合著《台灣社會力分析》一書，而受到重視。接著這位在國民黨中央黨部服務的優秀黨員，竟然以黨外身分，參加南投縣省議員選舉，利用省議會成為黨外反對運動基地。黨外省議員林義雄、張俊宏、邱連輝、張賢東、黃玉嬌、蘇洪月嬌等人，在黃信介、康寧祥帶領下，捲起全台灣如火如荼的黨外民主運動。

　　張俊宏是理論大師，《美麗島雜誌》總編輯。『高雄美麗島事件』被軍法判重刑入獄。

　　黃信介出任民進黨主席，張俊宏任黨秘書長。他曾經與政治難友許信良競選民進黨主席，而發表〈割袍斷義〉公開信。

　　2003年11月12日張俊宏在民進黨中常會，發表挽救黨魂萬言書：〈徹徹底底的反省，轟轟烈烈的再起，尋回自省再造的黨魂。〉

　　聽說全民進黨上上下下，都沒人覺得〈萬言書〉怎麼樣。

51 立法委員 劉文雄

有了郁慕明這個朋友，
還要敵人嗎？

劉文雄，基隆市親民黨籍立法委員。

劉文雄在立法院一路走來始終如一——反對阿扁。

2004年320總統選舉，國親連戰、宋楚瑜落選後的一連串群眾抗爭，他都是要角之一。甚至在4月10日，中央選委會主委黃石城要公佈當選名單前夕，劉文雄交代大家寫好遺書，要衝進總統府。結果大家找不到他帶頭，那些帶遺書過來的泛藍民眾，才快快然的回家看電視。

劉文雄並不像其他立委那麼熱心國親合併，自然有他的考量，目前他在親民黨的輩份，是宋楚瑜、張昭雄之下的第一位。兩黨合併後，他的座位要放在哪兒？新黨主席郁慕明，急得要把燙手的蕃薯丟給國民黨，於2004年9月8日，獨自宣佈新黨八位立委候選人，將登記為國民黨員參選。劉文雄便自然的成為國親合併的唯一阻力，因此他說：

「有了郁慕明這個朋友，還要敵人嗎？」

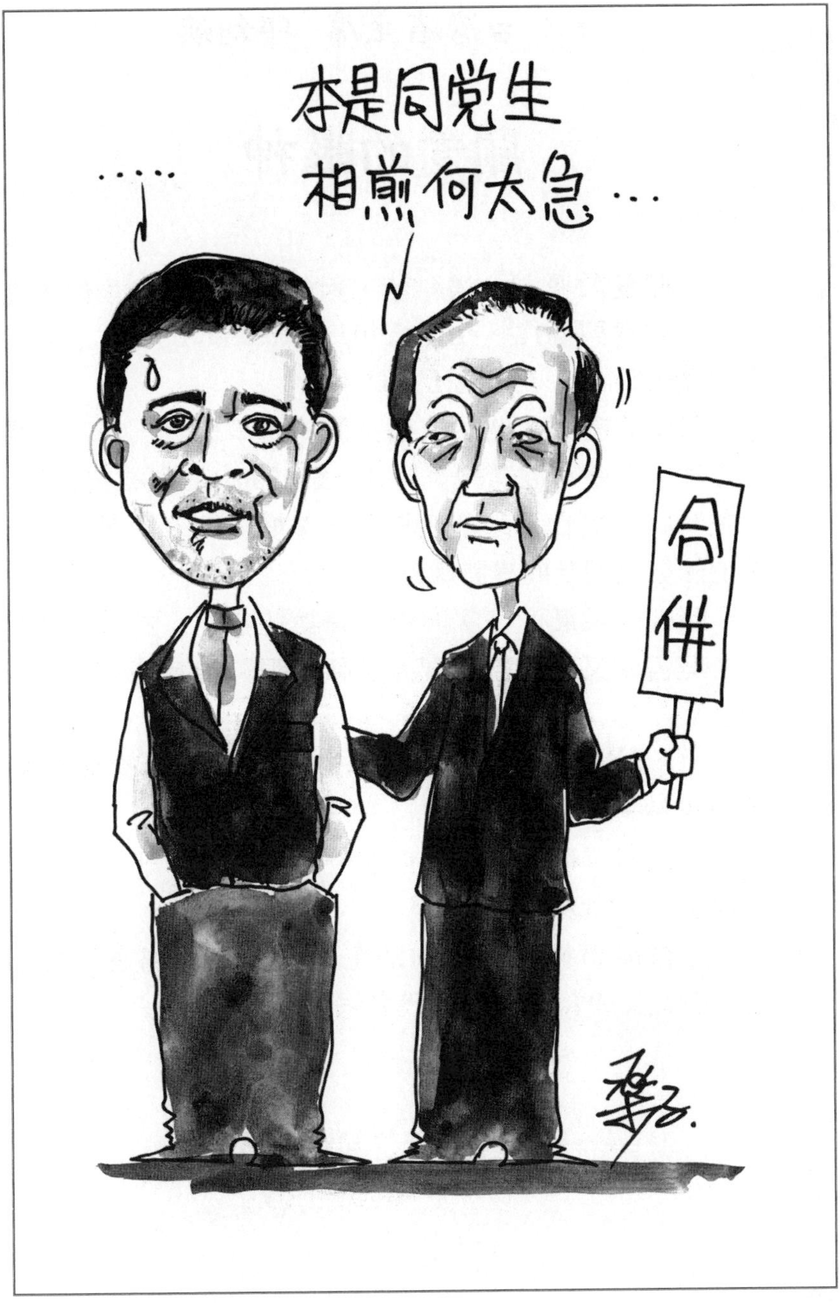
……
本是同党生
相煎何太急…
合併

52 台灣省主席 邱創煥

關愛的眼神

「關愛的眼神」這句話，對前省主席邱創煥傷害之大，可說無與倫比。相信這句幾乎成為邱創煥代名詞的「關愛的眼神」，令他死不瞑目。

邱創煥主席，屬於技術官僚，處事低調、保守、謹守分寸。之會有這樣的一句話，是1990年2月間，盛傳省府主席將有異動，邱創煥將取代李煥組閣。台灣日報採訪主任吳哲朗為此專訪邱創煥主席。

邱創煥說最近多次與李登輝總統會面，並未談及此事。吳哲朗又問能否從兩人言談或眼神中，感受到什麼訊息？

邱主席說：「我感受到李總統對台灣的愛護與關愛的眼神。」

邱主席這番話，在吳哲朗筆下竟變成邱創煥企盼李登輝總統「關愛的眼神」。

吳哲朗事後雖然親向邱主席道歉，但傷害已經造成，而且又成為邱創煥的代名詞。

一失"愛"成千古憤⋯

53 行政院發言人 陳其邁

我會送馬英九乖乖

2004年320總統選舉前夕，發生民進黨候選人陳水扁、呂秀蓮被槍擊事件。國親兩黨至今不承認選舉的結果，更發動一連串的抗爭。台北市長馬英九，身為國民黨副主席，即未再出席每星期的行政院院會，直到520阿扁就職後，才再度踏入行政院參加會議。但未及30分鐘，又匆匆趕去參加國民黨的中常會。

行政院發言人陳其邁說：「行政院是很好的溝通平台，馬英九能出席是好的開始，尤其身為『討喜市長』，無論是出席行政院院會，或推行台北市政建設，都比國民黨中常會議重要。」

陳其邁狗尾續貂又說：「**馬英九能踴躍出席院會滿三次，我會送他乖乖。**」

陳其邁這番發言，也許他自己認為很幽默，但是全國民眾都認為，行政院把這樣的人安排為發言人才夠幽默。

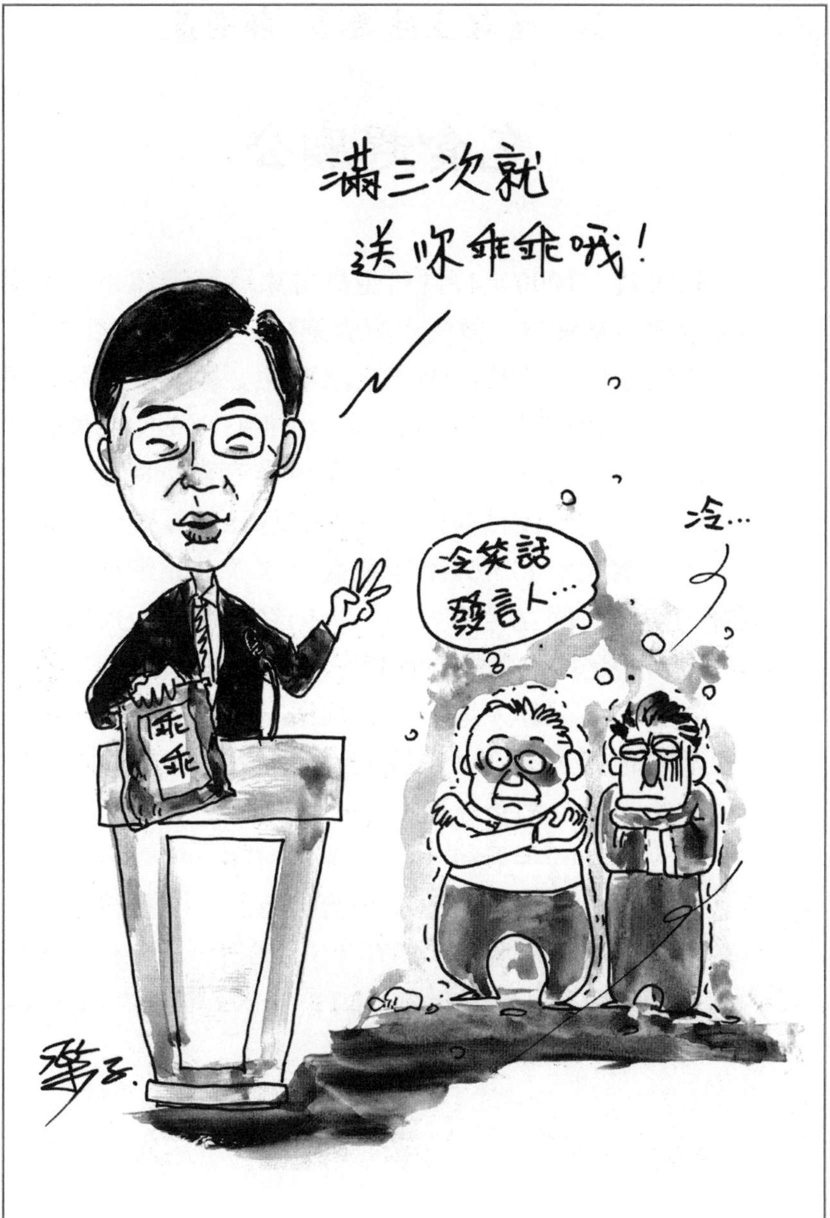
滿三次就
送你乖乖哦！
乖乖
冷笑話
發言人…
冷…

54 增額立法委員 郭國基

乞食趕廟公

　　郭國基，1900年4月1日生於屏東縣東港鎮。日本明治大學政治系畢業，曾任台灣省議員，增額立法委員。

　　郭國基於日治時代因『東港事件』被捕；台灣光復後，也因『228事件』入獄。他是當時(1950年代)台灣省議會郭雨新、李萬居、吳三連、李源棧等五虎將之一。曾經質詢台灣大學校長傅斯年，郭國基強烈質疑台灣光復後的『台灣大學』，只不過是從日本『台北帝國大學』招牌，換為『國立台灣大學』，仍然用台灣人民的血汗錢，教育的是絕大多數外省籍子弟和僑生。

　　郭國基人稱郭大炮。他說國民黨到台灣來，不但是「豆油借你搵，連碟子也捧去」。形容國民黨在台灣的惡形惡狀，是「**乞食趕廟公**」。

　　郭大炮1969年最後一戰，競選增額立法委員，他拖著病體，以『賜我光榮死在議壇』為訴求，獲得台灣同胞熱烈支持而高票當選。1970年5月28日，求仁得仁，任內病逝台大醫院。（註：增額立委選區，一次全台，一次全台分南北兩區選舉。）

大砲精神
永留存！

55 立法委員 洪秀柱

好膽脫下來檢查！

洪秀柱，台北縣國民黨籍立法委員。

洪委員口齒伶俐、問政尖銳，令列席官員無不小心翼翼，深怕招架不住她的凌厲質詢。

2004年10月21日，立法院為了軍購案，桃園縣民進黨籍立委陳宗義與洪秀柱委員，在程序委員會損上了，兩人發生衝突互丟提案書。陳委員不甘洪秀柱嘲笑民進黨沒有LP，所以挑釁的說：

「妳們說我們民進黨沒有屪脬，要不要過來檢查看看。」

陳宗義要請女立委檢查他的LP看看，讓泛藍在野黨女立委樂翻了天，尤其還小姑獨處的洪秀柱委員立即追上前大聲叫起來：「陳宗義！把褲子脫下來，我來檢查！」

陳宗義和民進黨其他男委員，看到洪秀柱、朱鳳芝等多位泛藍女立委，像餓狼撲羊那麼樣來勢洶洶，各個嚇得連忙抓住褲頭落荒而逃，只聽到後面不斷追過來的叫聲：

「好膽嬤走！」

56 總統　陳水扁

人何寥落鬼何多

陳水扁，中華民國第十、十一任總統。

陳總統於2004年10月21日，委託律師顧立雄控告『飛碟電台』董事長趙少康、親民黨立委劉文雄、蔡中涵，不法侵害人格權和名譽權。

立委劉文雄、蔡中涵，依據『飛碟電台』趙少康轉述大陸網路消息，於10月20日召開記者會，指陳水扁總統吃巴拿馬女總統莫斯柯索豆腐，付一百萬美元遮羞費。陳總統對這種抹黑、侮辱，非常震怒。民眾認為總統是國家元首，代表國家，不該有污衊元首傷害國家、不利全體國民的言論。

陳水扁於21日參觀『陳雲程百歲書法展』，記者問被污衊吃巴拿馬總統莫斯柯索豆腐的心情，陳總統引用人瑞陳雲程書法中的句子，回應說：

「妻何聰明夫何貴；人何寥落鬼何多？」

謝謝指教！

　　台北市長馬英九，美國哈佛大學法學博士。馬英九市長形象良好，市民對其施政滿意度長期都在70%以上，是位屬於不沾鍋型的政治人物。台北市即使納莉颱風把市區變成威尼斯幾可泛舟；即使抗煞成績令人慘不忍睹，市民也不忍心苛責他。1998年國民黨主席李登輝，以「新台灣人」向台北市民推荐他，而打敗競選連任的陳水扁市長。

　　馬英九2002年競選連任市長，李登輝對其四年市長作為，批評不像「新台灣人」，馬英九誠懇的說：「謝謝指教。」2002年12月6日，陳水扁為競選市長的李應元助選，痛批馬英九太驕傲。馬英九回說：「謝謝指教。」

　　這位身兼國民黨副主席的首都市長，2004年10月22日，指總統陳水扁、副總統呂秀蓮、行政院長游錫堃，交通特勤管制時間過長，對警政調度及民眾用路影響過鉅，含蓄的請那三個人準時上班。

　　緊接著馬市長又於10月29日與總統府隔空交火，指「320總統選舉」後，總統官邸拒馬路障擋道，妨害市民交通長達七個月，造成六十多起交通事件，擬開罰單告發。副總統認為這位哈佛學弟好像吃錯藥，指其近來頻頻「以下犯上」，馬英九市長也謙卑的說：

　　「謝謝指教！」

58 立法委員 周雅淑

只有緋聞，才是男女平等

周雅淑，台北縣民進黨籍立法委員。

這位從基層地方民代、市長、到中央的未婚立委，服務勤快、熱忱，問政能力不輸給任何人，但加諸於男女政治人物的不平等的眼光，仍然感覺存在對女人很不公平。

周委員舉例說：「前經濟部長宗才怡一上任，媒體便陰魂不散的與她長相左右，從衣著、打扮，到婚姻關係狀況，都毫無保留的追蹤，事無巨細的揭露，個人毫無隱私權。」

周雅淑，這位台大畢業後，就投入政治活動的女立委，一路走來經常有緋聞飛過來，像揮之不去的蒼蠅，在身邊飛來飛去。連同是女立委的話題女王游月霞，也無緣無故的說她怎樣又怎樣，令她很感慨的說：

「只有緋聞，才是男女平等。」

59 立法委員 段宜康

天威難測，只有含淚輔選

段宜康，台北市民進黨籍立法委員。

這位新潮流系立委，形象良好，選舉期間特別喜歡國民黨的黨產，也愛烏及屋對連戰家庭的財產也很有興趣，幾乎成為追討別人財產的專家。

2003年10月7日，阿扁總統在大家非常想知道，卻不敢明問的情況下，突然在拜媽祖後，大聲高呼：「支持陳水扁！支持呂秀蓮副總統！」立即引起黨內一陣錯愕與反彈。

立委郭正亮說：「陳呂配，北部穩輸。」邱議瑩說：「陳呂配，我將無事可做。」阿扁的正義連線成員陳其邁、高志鵬、蔡煌瑯統一口徑說：「總統選舉，任何配對都有可能。」

新潮流大老洪奇昌語重心長的呼籲說：「阿扁對副總統問題，不要做出錯誤的判斷。」

洪奇昌沒說出如果阿扁做出錯誤的判斷時他要怎樣。倒是段宜康說：

「阿扁天威難測，只有含淚輔選。」

60 中華開發金控董事長 陳敏薰

什麼都帶不走

陳敏薰，33歲，美國南加州大學企管碩士。

這位令人驚豔的金融新貴，是2003年2月11日，中華開發金控董事長劉泰英，因涉嫌違法收買股東出席委託書遭受收押後，出任這個資本額高達1800億元的開發金控董事長，才讓社會驚豔到台灣金融界，有這麼一位喜歡穿黑色洋裝的漂亮女董事長。

陳敏薰出任中華開發金控董事長後，也到陳水扁總統創辦的『凱達格蘭學校』修補黨政學分。陳敏薰2003年7月19日到花蓮市，為民進黨縣長補選候選人游盈隆站台，行政院發言人林佳龍說：

「陳敏薰這趟出馬助選，豬哥票掃了歸土拉庫。」

陳敏薰對自己做檢視說：「外人只看到我白天光鮮亮麗的一面，卻不知道我的黑夜不比別人短。」

陳敏薰說：她在兩年前，曾經莫名其妙的生了一場病，是一種癌症。一剎那，「**什麼都帶不走**」，改變了她的一生，讓她體會到簡單生活的可貴。

61 資深媒體人 周玉蔻

男人那個是「新聞軼事」
口口相傳下來的東西

　　周玉蔻是位口齒犀利、嗲聲嗲氣的女人，也是位資深媒體人，主持電視叩應節目，喜歡對準陳文茜捉對廝殺。台灣2004年總統選舉，她由深藍轉變為深綠色。

　　聽說周玉蔻曾經和何麗玲共用黃義交，但兩人似知非知的度過了一段時日，後來終於爆發了三角戀情，轟動整個社會。隨後傳出也有多名女子與黃義交同時交往。

　　一本名為《寶寶日記》的書，指出黃義交暱稱眾女友為「寶寶」，周玉蔻則跳出來證明黃義交曾經叫她「寶寶」。

　　這位曾經和黃義交、何麗玲共演三角戀大戲的名記者，聽說曾經形容「**男人那個是『新聞軼事』——口口相傳下來的東西**」。

62 春天酒店董事長　何麗玲

用過才知道好！

何麗玲，立法委員黃義交以前的麻吉。

這位身價非凡的名女人，雖然很早就很有錢，但能聞名全國的原因，是曾經與名記者周玉蔻、前台灣省新聞處長黃義交爆發三角戀情，成為媒體連續追逐報導的新聞人物。

何麗玲後來與黃義交正式結婚，但甜蜜蜜的日子，過了沒多久便又分手，傳說強中還有強中手，他們之間有人插隊進來。

何黃分手後，何麗玲專心事業，不但在股市大有斬獲，且台灣與中國都有事業，在上海開設『兩岸咖啡廳』。何於2004年3月砸下12億元，入主北投『春天酒店』。

傳說何麗玲形容「男人的弟弟，像口香糖，使用前直的，使用後縮成一團」。

何麗玲真有說過這樣的話？她笑笑不置有否。倒是2004年11月13日，她以『立法委員黃義交競選總部』總幹事身分，向台中市選民推薦黃義交說：

「用過才知道好！」

63 歷史學家 李敖

選一隻老虎好？
還是三隻老鼠好？

李敖，台大歷史系畢業，著作頗多。

他在學生時代，受到中央研究院長胡適博士甚多鼓勵，也以批判胡適博士震驚學術界。他是60年代『文星』雜誌台柱。李敖自稱是大尾的文化流氓，不是那種小混混。李敖說他佔中國古今散文第一把交椅，前無古人，後無來者。也說台灣對中國最有影響力的五個人中，他位居首位。他以此優勢請大家立委選他，好讓他帶隊到中國，為台灣利益談判。

李敖的競選總幹事陳文茜說：「陳水扁和他的團隊是『不上道的小流氓』，需要『非常上道的大流氓李敖』才制得住他。」

關心泛藍立委選情的人士，擔心李敖會吸走國親立委候選人的選票，造成多人落選，李敖問大家說：「選一隻老虎好？還是三隻老鼠好？」誠哉斯言！

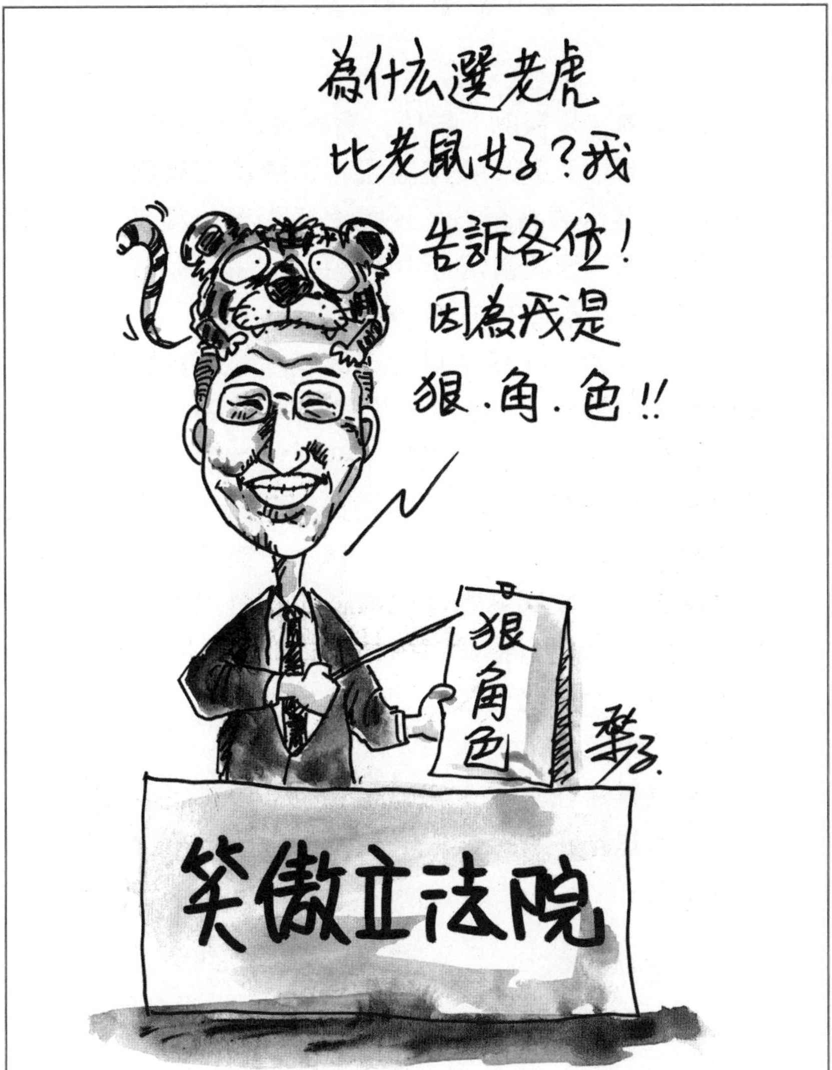
為什么選老虎
比老鼠好？我
告訴各位！
因為我是
狠．角．色！！
狠角色
笑傲立法院

64 台中市長 張溫鷹

對的事都要去做

張溫鷹，牙醫師，曾任台灣省議員、台中市長。

張溫鷹少女時代便追隨母親黃綉花從事民主運動。她曾經當選台灣省議員，任內表現優異，甚受台中市民肯定與愛護，因而當選台中市長。

張溫鷹一向堅持「對的事都要去做」，因此1979年『美麗島事件』，情治單位十面埋伏，要活抓施明德；她無懼環境險惡，堅持「對的事都要去做」，收容施明德，並幫他異容。張溫鷹於市長任內依然這樣堅持，所以2000年11月10日，以社會局長陳邦彥、衛生局長林瑞欽為首的市府一二級單位主管46人，集體加入民進黨。有人說張市長是在鞏固她的城堡，可是民進黨沒提名她競選連任，她也堅持競選連任是對的事，脫黨競選終被開除黨籍，令追隨她加入民進黨的市府一二級主管們，不知何去何從？

張溫鷹連任落選，識者認為過不在她，而在她的老公台中市黨部主委陳文憲，經常出入市府干擾市政要負相當責任。

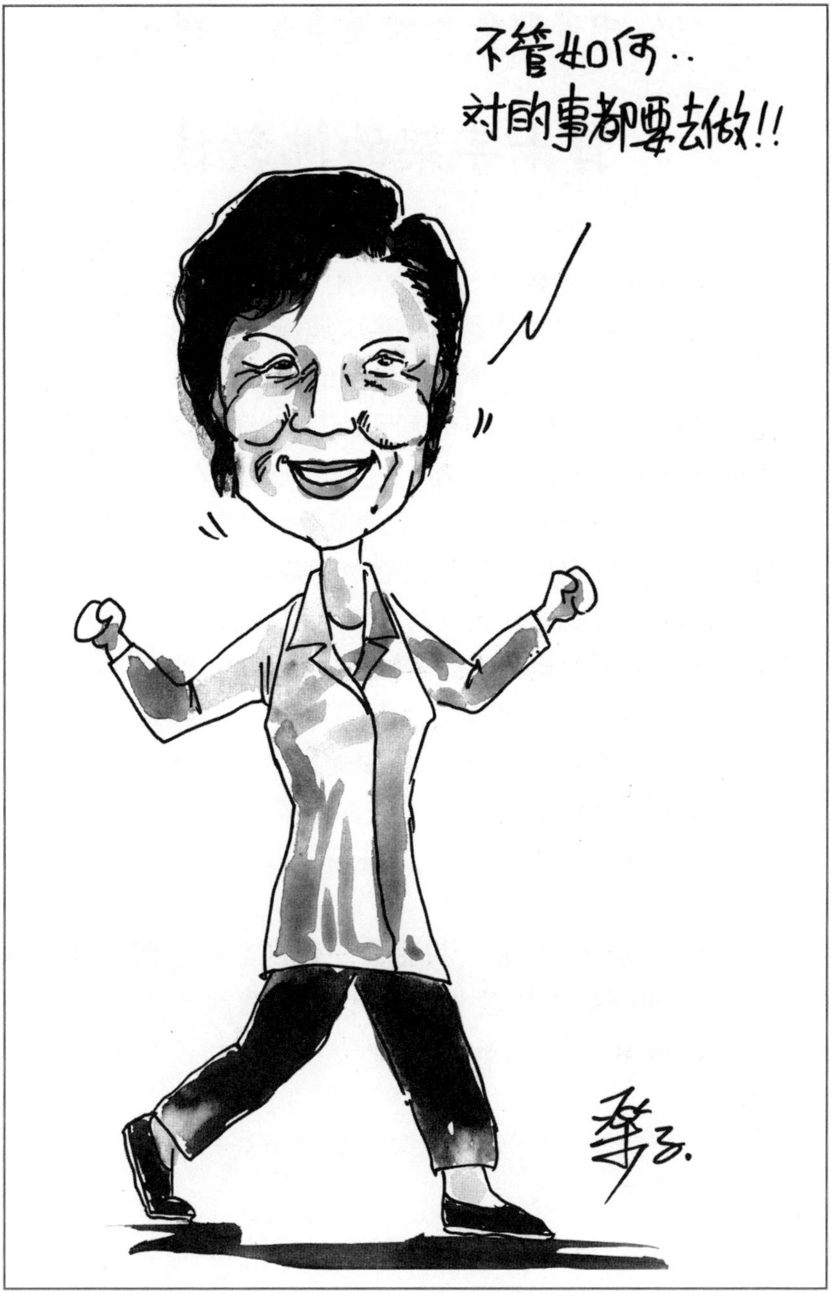
不管如何..
对的事都要去做!!

65 中華開發金控董事長　劉泰英

背十字架的佛教徒

　　劉泰英小時候父母雙亡，由大姊撫養長大，故「大姊若母」，凡事恭聽遵命，怕大姐操心。

　　劉泰英，台大經濟系畢業，是李登輝總統的學生，也是留美期間的同學。因有這層關係，李登輝才從學術界拉拔他成為國民黨的大掌櫃，總管黨營事業，人稱泰公。

　　泰公當時權勢之大，可隨時直達天聽。尤其在李登輝推行務實外交政策下，包括台灣與美國公關公司『卡西迪』簽約，遊說國會議員等，替國家做很多事。也令外交部長錢復、國民黨秘書長吳伯雄，提到泰公便皺眉頭。

　　劉泰英在股市影響之大，可用「一言興邦，一言喪邦」形容。故有人稱他『多頭總司令』，也有『聞聲救苦活觀音』之稱，工商界人士對他頗有好感。

　　泰公是虔誠佛教徒，但身邊美女長相左右，應酬不忌酒家。

　　劉泰英救人無數，民進黨草創時期的艱難，也頗多關懷，朝野都有人愛他、恨他。他對風風雨雨不以為意，他說總要有人承擔，而他又說自己是「**背十字架的佛教徒**」。

　　泰公因中華開發金控違法購買委託書被起訴，以六千萬元的天價交保。

66 立法委員　蔡煌瑯

買柳丁救果農

蔡煌瑯，民進黨南投縣籍立法委員。

蔡委員鋒頭很健，擔任執政黨立法院黨團成員，常常要為政策辯論，有時言不由衷，凸槌在所難免，民眾都會會心微笑，覺得他傻得蠻可愛。

台灣各類農產品，常因生產過剩，導致血本無歸。由此可見農民生產一流，政府生產計劃二流。

2004年台灣第六屆立法委員選舉，進入割喉戰之際，各地果農因為柳丁一斤七元叫苦連天。民進黨擔心影響農民選票，由蔡委員代表黨團召開記者會，鄭重宣佈：

「購買二萬斤柳丁，救果農。」

果農們都非常感動，有些人還熱淚盈眶。因為20,000斤，每斤7元，合計140,000元，全省柳丁果農以2,000戶計算，每一戶果農可分到新台幣70元的救濟金。

農民說蔡委員大概只知道柳丁是甜的，不知果農的心已經酸了，才會開「買柳丁救果農」的玩笑吧？

67 高雄市新聞處長 管碧玲

因為覺醒，所以走出書房

　　管碧玲出生於台中，曾經是國民黨重點栽培的目標，現在是民進黨一顆閃亮的政治明星，光茫與笑容一樣璀璨。

　　管碧玲，台大政治學博士，1983、1986年先後為康寧祥競選立委助選，而開始參與政治。也曾擔任阿扁1994年競選市長的發言人；1996年彭明敏、謝長廷競選正副總統，她是民進黨政策主任和競選總幹事。2000年阿扁競選總統，她擔任台灣知識助選團副團長。

　　管碧玲政治歷練豐富，謝長廷市長邀請她當高雄市政府的化妝師，出任新聞處長。她放下身段勤走基層，以國際為目標行銷高雄，與市議會磨擦不斷，導致市議會於2002年6月17日，大動作裁併新聞處，而管碧玲在決議之前，即先行辭職，並鬧出議長黃啟川被圍毆，住院三天的事端。

　　管碧玲原屬於學術界，之會成為當時在野黨的悍將，參與廢止刑法100條，及發起籌組「台教會」等活動。她說經歷「美麗島事件」、「林宅血案」，才和老公許陽明：

　　「因為覺醒，所以走出書房。」

68 國民黨主席 連戰

陳水扁，人人都可誅之

連戰，曾任交通部長、外交部長、行政院長、副總統、現任國民黨主席。

連戰2000年、2004年，代表國民黨競選總統，先後落選。

連戰2004年3月20日總統落選後，對於兩顆槍擊陳水扁的子彈，改變選舉結果心存不滿，認為槍擊案是陳水扁自導自演。

連戰於2004年11月3日，國民黨中常會上說：「**陳水扁**就是台灣的總統，有什麼了不起，民主政治，大家都是一律平等，人人要有大無畏的精神，反對一個真正做了欺詐不軌的行動的人，因此那個人，**人人都可誅之。**」

全國民眾聽後，無不大驚失色，認為連戰這些話，比邱義仁說年底立委選舉是『割喉戰』更血腥。如果要誅，『願賭不服輸』的人，才要誅之吧！

69 立法委員 李桐豪

人人都可以槍殺陳水扁

李桐豪，親民黨不分區立法委員。

李桐豪，是美國俄亥俄州大學經濟博士。他擔任立委，充分運用經濟學識，以最經濟方法，留名台灣政治史。他最經濟的留名方法，不是用心問政，而是『人人都可以槍殺陳水扁』這一句話。

李桐豪是在2004年5月31日，講了這句妙言。『320總統選舉』連戰、宋楚瑜原本勝券在握，結果輸了。泛藍政治人物，都無法接受敗選的事實，除一連串的「沒真相、沒總統」抗爭外，另有不少妙言：

沈智慧：「我們是武昌再起義。」

邱毅：「革命的號角已經響起！」

顧崇廉：「軍人有選擇三軍統帥的權利。」

李永萍：「除了政變，我們能奈陳水扁何？」

劉文雄：「我們已經寫好遺書，準備衝進總統府。」

陳水扁總統對於2004年3月21日至27日泛藍的抗爭，指為「柔性的政變」。

我給沈富雄洗內褲

　　汪笨湖，本名王振瑞，1953年生於台南縣。是標榜100%本土原味『台灣心聲』的電視節目主持人。著作：《落山風》、《嬲》、《陰間響馬》、《廈門新娘》、《草地狀元》，其中有些拍成電影、電視劇，是80年代小說的異類。

　　汪笨湖因總統選舉時，沈富雄到底有否陪同『東帝士集團』陳由豪，到官邸見總統夫人吳淑珍女士而互相槓上。沈氏說汪在主題：「富雄、少康、文茜的秘密王國，2008新政黨」節目中，罵他一個多小時，是為提高收視率，撕裂族群，是狂人，是垃圾！

　　2004年，汪笨湖成為立委最愛又怕被傷害的助選員，既盼望他站台助講，又怕他開口閉口那句招牌話：「鄉親呀！給××高票當選，我汪笨湖出錢請一百桌，請有屬胕的人，吃屬胕大餐，好唔好？」

　　汪笨湖於2004年11月28、29日，分別為台聯黨陳建銘、黃適卓站台助選。他不相信沈富雄會同意泛綠立委選舉配票，所以他說：

　　「沈富雄若願意配票，我給他洗一個月內褲！」

71 總統 陳水扁

輸的感覺真的不好受

　　陳水扁與呂秀蓮在總統選舉前夕，於台南市金華路掃街拜票時遭到槍擊。國、親兩黨主席連戰、宋楚瑜，懷疑陳水扁自導自演，發動一連串抗爭，要求「槍擊真相」，並提出「選舉無效」與「當選無效」之訴。

　　陳水扁於第10任總統任內，受到朝小野大之苦，無法放手做事。於第六屆立委選舉時，跳出來站在第一線，全省走透透，為「國會過半，政府好做事」拚命。到處丟議題放火，「討黨產」、「柔性政變」、「改國徽」、「去中國」、「制憲」、「外館正名」等，不但把在野黨氣得直跳腳，連民進黨候選人，個個也彷彿覺得這場立委選舉，他們只是陪阿扁站台而已。12月11日選舉結果，立法院225位委員，泛綠只得到101席，倒是全國民眾給泛藍實質過半114席。

　　陳水扁於12月14日中常會上，引咎辭去黨主席時數度哽咽，他說：他要做2300萬人的總統，今後台灣沒有藍綠之分。他致詞的第一句話是：

　　「輸的感覺真的不好受。」

72 立法委員 邱議瑩

汰會安呢？

邱議瑩，屏東縣選出的民進黨籍立委，也是民進黨中常委。

邱議瑩的老爸邱茂男，美麗島時代黨外健將，曾任省議員，第四屆立委選舉與邱彰投入選戰，雙雙落敗。邱議瑩於第五屆代父出征，順利當選，邱彰也當選民進黨全國不分區立委。

邱議瑩長得漂亮，擁有高知名度，民調也首屈一指，民進黨為使泛綠過半，中央全面配票，不知把邱議瑩的票，配到西伯利亞或什麼地方去，這位漂亮寶貝，竟以31651票，差8546票，淪為落選第二名。

邱立委落選後伏在老爸肩上，哽咽的說：

「汰會安呢？」

邱議瑩確實不知自己怎會落選？但是屏東縣民眾，還記得第五屆立法院選舉院長，邱議瑩堅定指證邱彰跑票，導致邱彰被開除黨籍，失去立委資格，邱議瑩可能已忘得一乾二淨吧？

73 立法委員 顏清標

有人比我更有爭議

顏清標，38歲做阿公，曾任台中縣議會正、副議長，現為無黨籍立法委員。

顏清標被控87年—89年12月間，於台中縣議會正、副議長任內，利用職務編列、核銷預決算之便，喝花酒、浮報公帳，支付「金錢豹」、「海派」、「錢櫃」等花月場所的酒帳、小費3540萬元，及殺人未遂、違反槍炮彈藥管理條例。2001年8月31日被判20年徒刑，顏清標大呼冤枉，上訴後改判13年，還在上訴中。

顏清標是大甲『鎮瀾宮董事長』，是一位很虔誠的媽祖信徒，甚受民眾歡迎。陳水扁依憲法規定，咨請立法院行使第四屆監察委員同意權，顏清標於2004年12月21日，看了看總統的提名名單後說：

「有人比我更有爭議。」

顏委員此語一出，不但笑倒立法院的採訪記者們，連台中縣籍陸委會副主委邱太三，也笑得合不攏嘴。

立委八成以上都是壞傢伙

　　朱星羽，高雄市選出，已連任四屆民進黨籍立法委員，於2003年12月4日，因提出刪除國稅局查稅獎金，要為人民省下七億元血汗錢，不被黨團支持憤而退黨，並幹譙民進黨墮落。

　　朱星羽出身基層，具有濃厚的草根性，也很魯莽，但深受民眾歡迎。朱星羽五十出頭未婚，曾經有一段與黎姓女友生死戀情，深夜蹣跚獨行，喜歡哼著「一生只愛妳一人」。

　　朱立委行事風格與眾不同，令高雄市政壇人士頗頭痛的是參加市民喪禮時，往往會看到他跪仆靈前叩頭痛哭。他這種絕學，張俊雄等人，要學學不來，要哭也哭不出來，尷尬之餘，只有採取和他錯開同時出現的時間。

　　朱星羽2004年12月23日，主持財政委員會時抱怨說：「我被你們這些委員氣到心痛，我要去看醫師。」隨即宣佈散會，並毆打余政道委員，指控他帶農民到農民銀行關說，還不斷大聲痛罵：「立委八成以上都是壞傢伙。」

75 立法委員 林濁水

布希非常討厭阿扁

林濁水，民進黨全國不分區立法委員，也是新潮流大老之一。

林濁水於2004年12月24日指出「美國總統布希非常討厭阿扁，對陳水扁總統三度表達不滿，甚至三字經出口」。

林濁水這番話，引起林重謨強力抨擊，說內閣即將改組，新潮流總會在關鍵時刻扯後腿，要求官位。

呂秀蓮副總統呼籲黨內同志不要幫北京三戰，戰自己的總統。呂副總統說的三戰指：1.心理戰。2.媒體戰。3.法律戰。也是新潮流大老的國安會秘書長邱義仁說林濁水是「高瞻遠矚的諸葛亮」。不過邱義仁說他們幾個臭皮匠湊在一起，大概也不會離諸葛亮的期待太遠吧？

林濁水說他是可憐的預言家，不是諸葛亮。他看到「元首烽火外交」，預言都不幸言中，把國家搞成這樣，說出來被罵二句，只是小事。

食屎法官

　　林重謨，台北市選出的民進黨籍立法委員，一向以『替天行道』為己任，也是立法院三寶之一，與蔡啟芳、侯水盛成立三寶學堂自任校長，招生傳授寶貝學問。

　　林重謨對於台北地方法院法官丁蓓蓓，於全國數千警力花了九天，抽絲剝繭始才抓到的炸彈犯高寶中，諭知准予十萬元交保，至為不滿。

　　林重謨認為高寶中，用十一個瓦斯桶製造爆炸物，放置台北火車站引爆，令全國民眾怵目驚心，竟然輕易諭知交保，無異縱虎歸山。而於2004年12月22日，率眾高舉「法官無知，人民受害！」的牌子抗議，並痛罵：

　　「食屎法官！」

　　無獨有偶的是林文欽的草根出版公司，出版名律師汪紹銘的「本土法庭推理小說」，書名叫做《食屎的法官》。

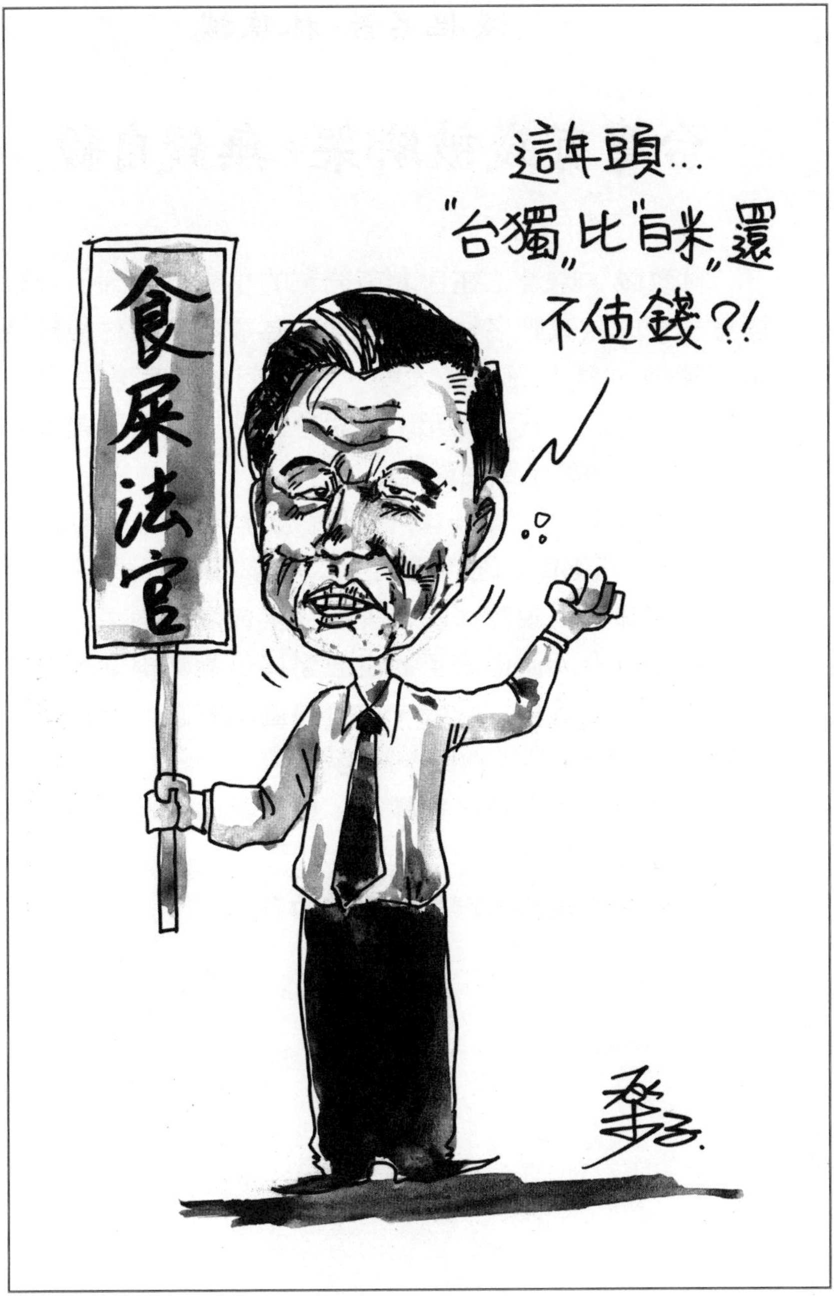
食屎法官
這年頭…
"台獨"比"白米"還
不值錢?!

77 減肥名醫 林政誠

台灣有錢被綁架，無錢自殺

　　林政誠，原是位在台北市開業的小兒科醫師，後來搖身一變成為減肥名醫，因成功的為歌星蔡依林臉頰抽脂、隆鼻、豐乳而聲名大噪。每日門診曾有六百多人記錄，日進四、五十萬元。傳說也因處方出過問題被勒索，拿出3000萬元買回醜聞。

　　2004年12月19日，林醫師在忠孝東路一段自家門前，要搭計程車上班時遭到第二次綁架，勒索3000萬元。林醫師家屬說算命的曾說他今年會遭到綁架，正在高興今年再十天便過去了，沒想到19日遭到綁架，歷經四天驚魂，飽受拳打腳踢，被打得遍體鱗傷，幾經討價還價，才以2000萬元換回一條老命。

　　林政誠醫師於22日獲釋後，打電話給台北市議員王育誠，哭著感嘆說：

　　「台灣有錢的被綁架，無錢的自殺。」

美國又不是我們的老爸

　　李登輝，中華民國第7-9任總統（1988-2000），並任國民黨黨主席，2001年9月被開除黨籍，台聯黨尊為精神領袖。李登輝推行寧靜革命，並在日本作家司馬遼太郎訪談中，說出台灣人的悲哀，引起統派人士圍剿。李登輝是帶領台灣進入民主法治國家的老總統，獨派人士尊崇為台獨教父。

　　台灣第六屆立法委員選舉，台聯黨強烈主張「台灣正名」、「制憲」。民進黨也輸人嘸輸陣，由阿扁總統拋出「外館正名」、「制憲」等一連串邁向獨立制憲議題，把立委選舉炒得如熱鍋上的蝦子，連蹦帶跳，紅過了頭。

　　美國國務院怕阿扁把立委選舉炒得過火惹惱中國，公開表達不支持台灣外館正名，給阿扁總統摑了一記耳光。前總統李登輝於2004年12月8日，在中國異議人士曹長青新書發表會上，講到美國反對「外館正名」時，說：

　　「美國又不是我們的老爸 。」

黨主席須是選舉天才

呂秀蓮,中華民國第十、十一任副總統,『美麗島事件』受刑人之一。曾任立法委員、桃園縣長,是昔日黨外時代才女,發起「新女性運動」;著作頗多,所著《台灣的過去與未來》,首先提出「台灣地位未定論」。

呂秀蓮副總統任內,風風雨雨不斷,不但中國視爲眼中釘,民進黨內也有一群人,對她恨之入骨。視她如橫在接班路上的大石頭,要她『麥當勞──嬤擋路』。呂秀蓮都大而化之,依然有話直說。

陳水扁對第六屆立委選舉,信誓旦旦要泛綠113席過半,2004年12月11日選舉結果,只拿下101席,引咎辭黨主席。呂秀蓮表示她不會角逐黨主席,她說:

「黨主席須是選舉天才。」

蹲下為躍起，後退是前進

　　蘇貞昌，屏東縣人，「美麗島事件」辯護律師之一，曾任省議員、屏東縣長。台北縣長第二任任期中，受陳水扁總統邀請出任總統府秘書長。阿扁總統於2004年第六屆立委選舉後，泛綠只拿101席，未達過半113席，引咎辭去黨魁，並鼓勵蘇貞昌競選黨主席。

　　蘇貞昌童山濯濯，故以「電火球」為招牌，他的「衝衝衝！」成為著名的選舉語言。蘇貞昌縣長2003年8月1日，遠赴花蓮縣為參加縣長補選的游盈隆助選時說：「游盈隆當選，絕對是年輕有為的好縣長，將來還可以幫謝深山免費裝假牙，二年後回台北選縣長。吳國棟的孫子，可以享用免費營養午餐。」令花蓮縣民感受到被侮辱。

　　蘇貞昌登記競選黨主席，對外界為他無法出任閣揆抱屈，他信心十足的說：「**蹲下為躍起，後退是前進。**」

　　誠然經營政治園地與農民插秧一樣，後退是前進。

國家圖書館出版品預行編目資料

台灣名人妙言精選集 ／ 潘榮禮著；—— 初版. ——
台北市：前衛, 2005[民94]
168 面；15X21 公分
ISBN 957-801-467-8(平裝)

1. 俗語 – 台灣

539.6   94005851

台灣名人妙言精選集

著　　者／潘榮禮

責任編輯／吳忠耕·陳金順

美術編輯／方野創意　周奇霖

前衛出版社

總本舖：11261台北市關渡立功街79巷9號

電話：02-28978119　傳眞：02-28930462

郵政劃撥：05625551

E-mail：a4791@ms15.hinet.net

http://www.avanguard.com.tw

出版總監：林文欽

法律顧問：南國春秋法律事務所·林峰正律師

凌域國際股份有限公司

地址：台北縣五股工業區五工五路38號7樓

電話：02-22983838　傳眞：02-22981498

出版日期：2005年8月初版第一刷

Copyright © 2005　　Avanguard Publishing House
Printed in Taiwan　　　　ISBN 957-801-467-8

定價／200元